거실에서 완성하는 프라모델 도색

수성 아크릴 붓 도색 테크닉

아키토모 카츠야 지음
김정규 옮김

AK HOBBY BOOK

CONTENTS

서 장 「수성 아크릴」로 붓 도색을 하자! ········· 4
- 수성 아크릴의 기초 ········· 6
  - 도색에 필요한 공구 ········· 8
  - 수성 아크릴 도색의 기본 ········· 10
- 칼럼 1. 프라모델 조립의 기초 ········· 16
  - 조립 환경 ········· 17
  - 조립의 기초 ········· 18

제 1 장 전차를 칠하자 ········· 24
- 전차편 1 수성 아크릴 도색의 기초
  - 타미야 1/48 독일 중전차 티거 I 초기 생산형 ········· 26
- 전차편 2 위장무늬 도색과 흙먼지 표현
  - 타미야 1/48 육상자위대 10식 전차 ········· 36
- 전차편 3 위장의 연출
  - 아오시마 1/48 독일 중전차 킹 티거 ········· 42
  - 타미야 1/35 일본육군 97식 중전차 치하 ········· 43
  - 타미야 1/35 독일 II호 전차 F/G형 ········· 44
- 칼럼 2. 워싱 기법과 도료 ········· 45

제 2 장 비행기를 칠하자! ········· 48
- 비행기편 1 벗겨짐과 퇴색 표현
  - 타미야 1/48 미츠비시 영식 함상 전투기 52형/ 52형 갑 ········· 50
- 비행기편 2 찍기와 분사 도색풍의그러데이션
  - 타미야 1/48 메서슈미트 Bf109E-4/7 TROP ········· 60
- 비행기편 3 은색 도색으로 금속 질감을 재현
  - 하세가와 1/72 P-51D 머스탱 ········· 68
- 칼럼 3. 데칼과 클리어 코트 ········· 72

제 3 장 함선을 칠하자! ········· 74
- 함선편 1 붓 도색 함선 제작의 기초
  - 하세가와 1/450 구 일본 해군 전함 야마토 ········· 76
- 함선편 2 에칭 부품의 공작과 붓 도색
  - 후지미 치비마루 함대 아카기 ········· 84
- 칼럼 4. 타미야 아크릴 이외의 수성 도료 ········· 92

※일러두기

『거실에서 완성하는 프라모델 도색-수성 아크릴 붓 도색 테크닉』이라는 제목은 이 책에서 소개하는 도색 기법이 기존과 비교해서 냄새나 자극성이 지극히 적다는 것을 상징적으로 표현한 것으로, 이 책에서 소개하고 있는 기법과 아크릴 도료가 완전히 무해하다고 보증하는 것은 아닙니다. 따라서 도색할 때 체질이나 몸 상태에 따라서는 불쾌하게 느껴질 가능성도 존재할 수 있으며, 그럴 경우에는 수시로 환기를 해주시고 필요하다면 마스크 등을 착용하실 것을 권장합니다.

서장
「수성 아크릴」로 붓 도색을 하자!

프라모델을 잘해보고는 싶지만 '역시 냄새 때문에 무리!'라고 생각하지는 않으십니까? 독신 시절의 취미였던 프라모델을 가족을 위해서 포기하지 않으셨는지요? 그리고 베테랑인 당신! 방진/방독 마스크 착용과 에어브러시의 분해 및 세척, 지긋지긋하지 않으신가요? 『수성 아크릴 붓 도색 테크닉』은 바로 그런 분들을 위해 태어난 책입니다. 냄새가 거의 없고, 간단하며 실패할 확률도 낮은 데다, 비용도 적게 드는 '수성 아크릴' 도색법!! 이 책을 통해 새로운 모델링 라이프의 첫걸음을 내딛는 것은 어떨까요?

서장

수성 아크릴의 기초

타미야 아크릴을 물로 희석하고 붓으로 칠하는 '수성 아크릴'. 전차, 비행기, 함선 등등 모든 장르의 프라모델 도색이 비약적으로 간단해지는 비법을 완전 공개!

프라모델과 도색

프라모델 제작에서 도색은 중요한 공정이며, 최종적인 마무리를 결정하는 즐거운 작업이기도 합니다.

프라모델은 단색 또는 복수의 색으로 사출 성형된 플라스틱으로 구성됩니다. 그대로 만들어도 나름대로 멋지기는 하지만, 프라모델의 완성도를 높이려면 실물처럼 보이게 각 부품을 구분해서 색을 칠해줘야 합니다. 또한 복수의 색으로 위장 도색을 하는 경우나, 에칭 부품 등 플라스틱 이외의 금속 재료를 이용한 부품을 사용한 경우에도 역시 도색은 필수이지요.

캔 스프레이는 간단히 깔끔하게 도색할 수 있지만 복잡한 도색에는 사용하기 힘들고, 사용할 수 있는 색도 한정된다.

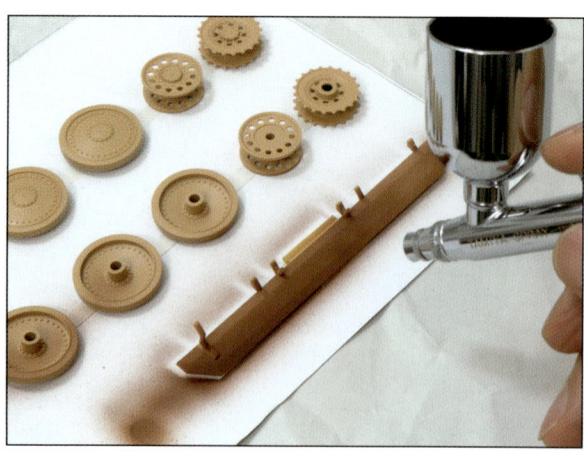

에어브러시는 다른 기법에서 재현하기 어려운 미려한 느낌의 도색이 가능하지만, 기재 도입 비용이나 도색 환경 정비가 걸림돌이 된다.

프라모델 도색 방법과 문제점

프라모델을 도색하는 방법은 붓을 이용한 도색과 캔 스프레이나 에어브러시를 이용한 분사식 도색으로 나눌 수 있습니다. 두 기법에는 각기 다른 장점과 단점이 있어서, 원하는 대로 만들기 위해서는 보통 각 도색 방법의 이점을 잘 활용해야 합니다.

'붓 도색'은 도료와 붓(필요에 따라서 모형용 신너, 도색 접시 등)만 있으면 되므로, 간단히 도전할 수 있습니다. 도색할 수 있는 범위도 넓고, 전체에서 세밀한 부분의 도색까지 전부 커버할 수 있지만, 표면을 균일하게 칠하려면 어느 정도의 경험이 필요합니다. 상급자라고 해도 색의 경계 부분에 그러데이션을 넣기 어렵고, 도색면에 붓 자국이 남기 쉽습니다.

'분사식 도색'은 캔 스프레이를 사용하는 방법과 에어브러시를 사용하는 방법이 있는데, 양쪽 모두 도료를 가스나 공기를 이용해서 안개 형태로 분무하여 칠하는 방법입니다. 얇고 균일한 도막을 형성할 수 있지만, 칠할 때 도료와 신너가 날리기 때문에 방진/방독마스크 착용과 환기 설비 설치가 필수입니다. 또한 캔 스프레이의 경우에는 복잡한 도색에는 사용하기 힘들고, 사용할 수 있는 색이 한정되어 있으며, 혼색도 불가능. 에어브러시는 핸드피스나 컴프레셔 등, 각종 용구의 초기 도입 비용이 크고, 사용할 때마다 분해·세척하는 등의 정비가 필요한 것도 문제점이라고 할 수 있습니다.

이러한 도색 방법의 디메리트를 해소하는 도색 기법이 '수성 아크릴'을 이용한 붓 도색입니다.

'수성 아크릴'이란?

'수성 아크릴'을 간단히 설명하자면, 프라모델용 수성 도료로서 가장 쉽게 입수할 수 있는 타미야 아크릴을 적당한 팔레트에 덜어내고 물을 섞어서(보통 30% 정도) 붓으로 칠하는 도색 기법입니다.

'타미야 아크릴'은 타미야에서 발매하는 수성 도료로, 정식 명칭은 '수용성 아크릴 수지 도료'라고 합니다. 23ml 들이 「타미야 컬러 아크릴 도료」, 10ml 들이 「타미야 컬러 아크릴 미니」가 판매되고 있습니다(이 책에서는 모두 '타미야 아크릴'이라고 표기합니다).

그러면 어째서 물일까요? 타미야 아크릴은 알코올 베이스라서 냄새가 적고 우수한 도료입니다. 하지만, 원액 그대로 사용하면 점도가 높아서 두껍게 칠해지게 되며, 건조와 경화에도 시간이 오래 걸립니다. 희석이나 세척을 위해 전용 신너인 「X-20A신너」도 발매되고 있습니다만, 신너로 희석한 도료를 붓으로 겹쳐 칠하면 밑에 칠한 도막이 쉽게 녹아버리기에, 잘 칠하려면 고도의 기술이 필요합니다.

'수성 아크릴'이라면 이러한 문제점을 해결할 수 있습니다. 물로 희석하면 도료가 묽어지면서, 상당히 얇은 도막을 얻을 수 있으며, 건조도 매우 빨라집니다. 붓 도색에서 종종 문제가 되는 도료의 두께 차이 때문에 생기는 요철 또한, 칠하고 마르는 사이에 표면이 평평해지기 때문에, 붓 자국이 거의 남지 않습니다. 그리고 물로 희석했기에 밑에 칠한 색이 녹는 일도 줄어들면서, 겹쳐 칠하기도 상당히 수월해집니다.

이 수성 아크릴을 이용한 붓 도색 기법을 마스터하면, 냄새가 거의 나지 않고 간단하면서도 쉽게 실패하지 않는, 새로운 프라모델 만들기의 문이 열리게 될 것입니다.

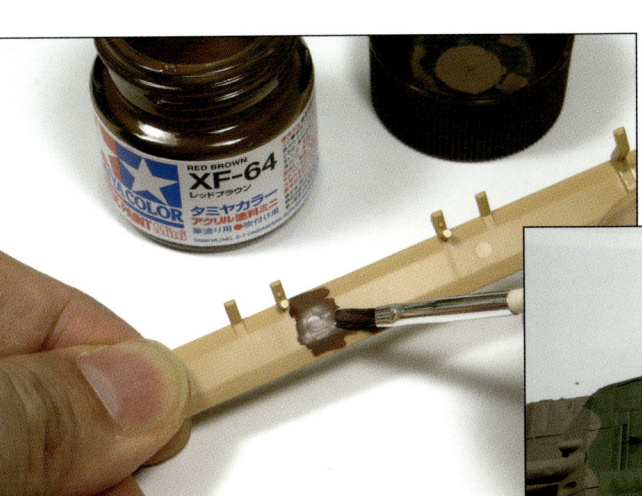

타미야에서 발매하는 수성 도료 「타미야 아크릴」은 그대로 사용하면 칠하기 힘들고, 잘 칠하려면 기술이 필요하다.

수성 아크릴을 이용한 붓 도색은 냄새가 거의 나지 않고, 간단하면서도 쉽게 실패하지 않으며 적은 비용으로 도색을 할 수 있다.

서장

도색에 필요한 공구

도색 환경

수성 아크릴을 이용한 붓 도색을 하기 위해 필요한 공구와 환경을 소개한다. 주로 프라모델 도색 전용 제품을 사용하고 있지만, 쉽게 구할 수 있는 재료를 쓰는 것도 무방. 그 외에 도료 건조용으로 헤어드라이어를 사용하는데, 온풍을 너무 많이 쐬면 부품이 변형될 수도 있으니, 온도 조절이나 냉풍 기능을 갖춘 것이 좋다. 또한 작업할 때 옷이 더러워질 수 있으니 앞치마나 헌 옷을 준비해두자.

① 신문지
책상 위에 도료를 흘리는 경우에 대비해서 신문지처럼 쉽게 버릴 수 있으면서 흡수성이 좋은 종이를 깔아둔다. 그 위에 하얀 종이를 올려 부품과 공구를 찾기 쉽도록 해주자.

② 붓
끝이 평평하고 평면을 칠하기 쉬운 평붓, 단면이 둥글고 곡선을 그리기 쉬운 둥근붓, 세밀한 부분을 칠하는 데 사용하는 세필이 대표적인 붓. 여러 메이커에서 다양한 가격과 종류의 제품이 발매되고 있으니, 실제로 써보고 자신에게 맞는 붓을 선택하자.

③ 도료
10ml 들이 타미야 아크릴 미니를 사용. 제작할 때 설명서의 지정색을 보고 사용할 색을 준비해두자. 또한 색에 명암을 주고 싶을 때는 플랫 블랙(Flat Black, 무광 검정)이나 플랫 화이트(Flat White, 무광 흰색)이 있으면 편리하다.

| ④ | 스페어 보틀 | 물로 희석한 도료가 남은 경우, 보존용 스페어 보틀에 넣어두면 밀폐성이 높아서 상당한 기간 동안 보존할 수 있다. |

| ⑤ | 스포이트 | 도료나 물을 뜰 때는 스포이트가 가장 확실. 색이 섞이지 않도록 도료와 물에는 각각 다른 스포이드를 사용하는 것이 좋다. |

| ⑥ | 조색 스틱 | 도료를 섞거나 뜰 때 사용하는 금속 막대. 안 쓰는 런너를 잘라서 사용해도 된다. 한쪽은 평면 반대쪽은 작은 스푼 모양으로 되어 있으니, 필요에 따라 구분해서 사용하자. |

| ⑦ | 물통 | 수성 아크릴의 포인트라고 할 수 있는 물. 깨끗한 수돗물이면 된다. 붓을 씻는 용도로 하나 더 준비해두면 더욱 좋다. |

| ⑧ | 팔레트 또는 빈 용기 | 도료를 희석할 때 사용하는 팔레트. 프라모델용 도료 접시 등도 판매하고 있지만, 먹고 남은 요구르트 통이나 알루미늄 포일 등, 어떤 것을 사용해도 OK. |

| ⑨ | 손잡이를 만들어놓은 키트 | 도색 중에는 도료가 마를 때까지 키트나 부품을 만질 수 없기 때문에, 손잡이를 만들어서 잡고 칠한다. 칠하는 중에 움직이거나 빠지지 않게 확실히 고정할 것. |

| ⑩ | 티슈 | 붓 등의 도구를 닦거나 너무 많이 고인 도료를 빨아내는 데 사용한다. 티슈로 닦아낼 수 없는 세밀한 부분에 있는 도료를 빨아내는 데 사용할 면봉을 준비해두면 더욱 좋다. |

| ⑪ | 핀셋 | 붓의 털이 빠져서 도색면에 붙었을 때 제거하기 위해 사용한다. 털이 붙은 채로 도료가 말라버리면, 나중에 털을 뗀 자국을 사포로 문질러서 지우는 등의 귀찮은 수고를 들여야 한다. |

| ⑫ | 조립 설명서 | 어디에 어느 색을 칠할지 바로 확인할 수 있도록 키트의 조립 설명서를 가까이에 두자. 키트에 컬러 도색 안내도가 있는 경우에는 그것도 참고하자. |

서장

수성 아크릴 도색의 기본

도색 작업의 기본이라고 할 수 있는 붓 도색은 프라모델 도색의 필수 테크닉. 수성 아크릴 붓 도색은 도전하기 쉽고, 붓 도색의 기본을 배우는 데도 최적이다.

전체 도색에는 굵고 털이 풍성한 붓이 필요하다. 특히 나일론 붓은 털이 강하고 잘 끊어지지 않아서 쓰기 편하다. 화방이나 생활용품 할인 매장 등에서 찾아보자.

제조사의 지정색은 웨더링을 하지 않아도 그럭저럭 멋지게 보이는 조합으로 구성되어 있다. 웨더링을 해주면 지나치게 어두워지는 경우도 있으니, 본체 도색은 지정색보다 약간 밝은 색을 사용하거나, XF-2 플랫 화이트를 첨가해서 조금 밝게 조절해주면 좋다.

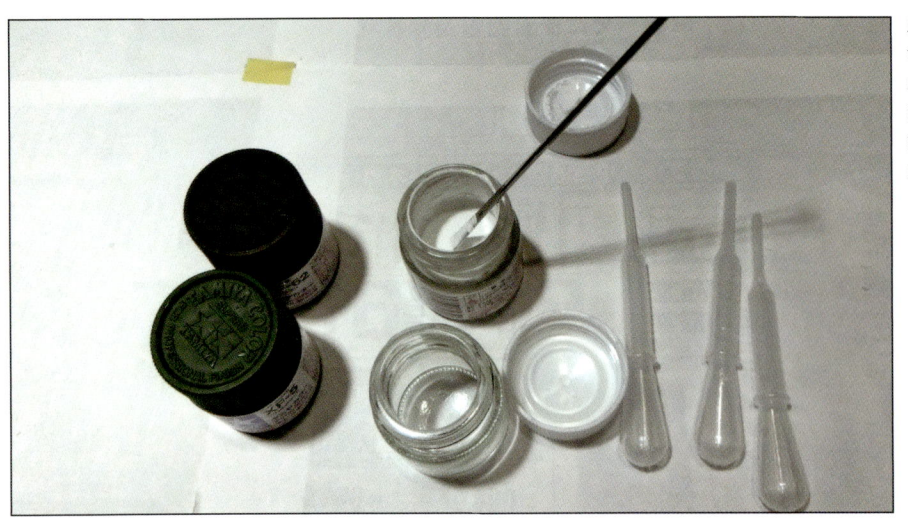

도료를 잘 섞는다. 조색 스틱이 편리하지만 붓 자루도 좋다. 병 가장자리의 도료는 잘 닦아내자. 뚜껑에 묻은 채로 굳으면 잘 안 열리게 된다. 조합할 때는 스포이트를 이용해서 스페어 보틀에 넣어주면 정확하고 편하다.

넓은 면적을 칠할 때는, 도료를 빈 용기에 덜어 담는다. 프라모델용 팔레트, 알루미늄 포일 등도 괜찮지만, 테두리가 있는 용기는 붓에 너무 많이 묻은 도료를 문질러서 짜내기가 편하다. 담아놓은 도료에 30% 정도의 물을 섞어준다.

첫 번째 도색. 도료를 얇게 펴 바른다. 복잡한 모양의 모형에서는 먼저 우묵하고 칠하기 힘든 곳에 붓을 밀어 넣어서 칠해준다. 붓 자국은 마르기 전에 알아서 없어지니 신경 쓰지 않아도 된다.

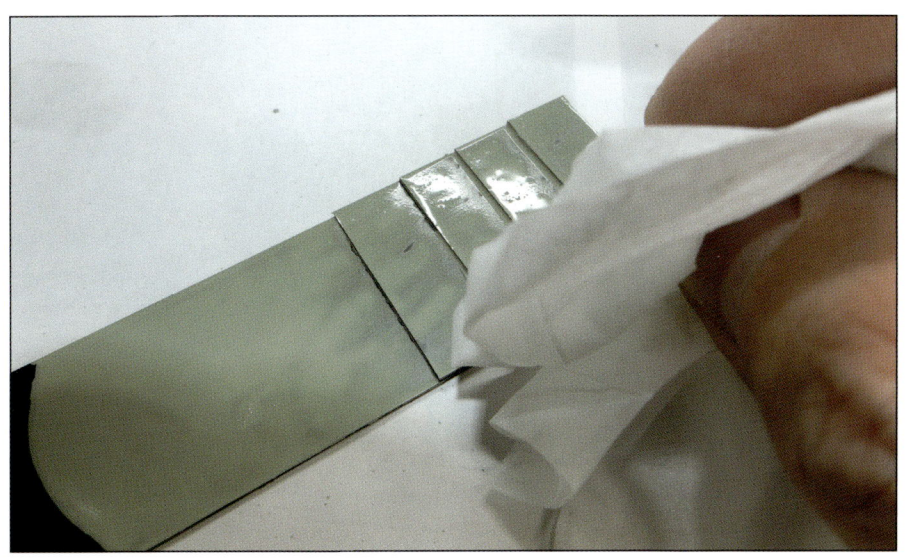

도료가 너무 많이 고였으면 티슈로 빨아낸다. 도막이 너무 두꺼워지면 건조에 시간이 걸리고, 색이 얼룩지거나 몰드가 묻혀버릴 수도 있으니 조심하자. 반대로 부족하거나 비치는 경우에는 간단히 수정할 수 있다.

서장

수성 아크릴 도색의 기본

고인 도료가 두껍게 굳어버린 경우에는, 그 부분에 찌든 때 제거용으로 사용되는 가정용 강력 세정제를 바르고 물로 씻어내면 간단히 지울 수 있다. 단, 지우고 싶지 않은 부분까지 씻어내지 않도록 조심하자. 덜 말랐을 때는 타미야 X-20A 아크릴 시너로 지울 수도 있다.

드라이어로 빨리 건조시키자. 안쪽에 도료가 고여 있으면, 바람으로 밀어내고 티슈로 빨아낸다. 온풍을 너무 오래 쐬면 부품이 변형될 수 있으니 적당히 조절해서. 첫 번째 도색은 원래 여기저기가 비치는 법이니 신경 쓰지 말 것.

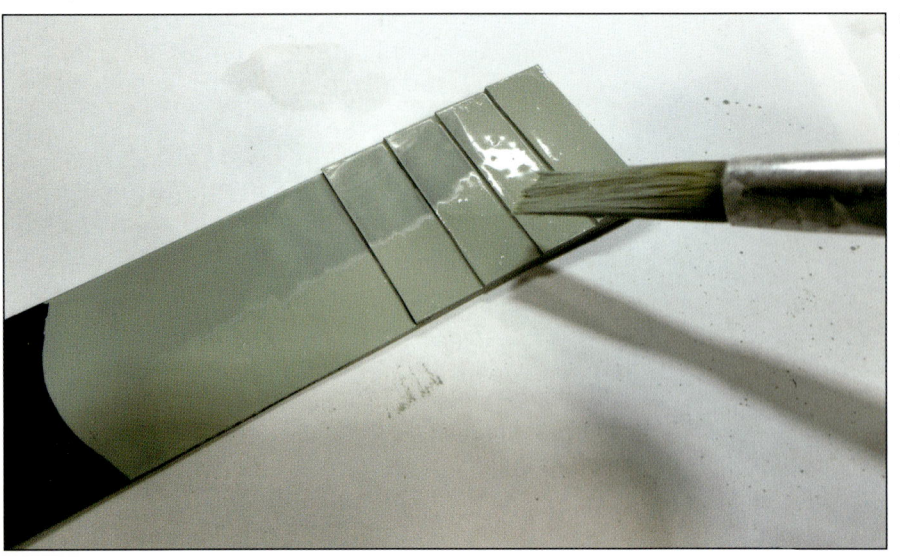

전체 도색 두 번째. 순서는 똑같으며, 도료를 약간 적게 하고 문질러서 칠하듯이. 얼룩이 져도 웨더링을 하면 안 보이니까 무시해도 된다. 또한 비치는 부분이나 덜 칠해진 곳이 있으면 부분적으로 세 번째 도색을 하자.

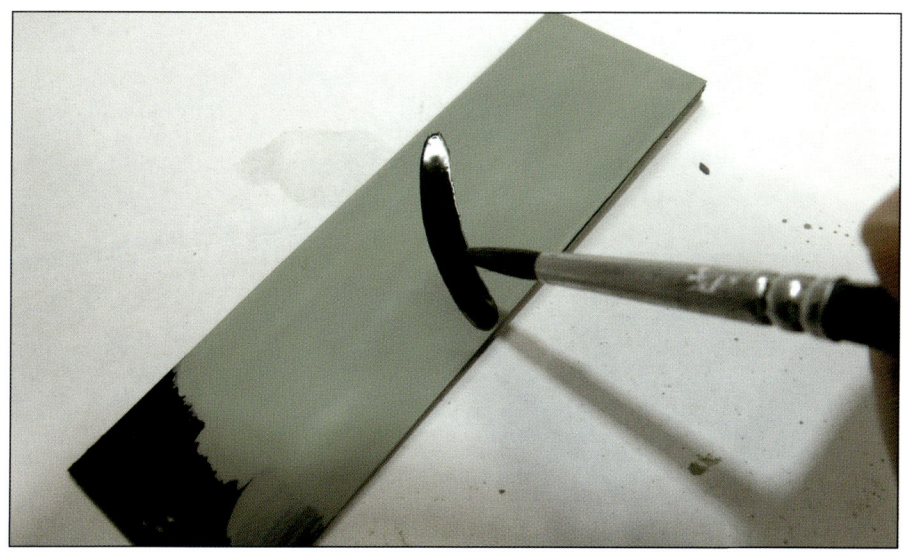

넓은 면적을 구분해서 칠할 때는, 경계선은 가늘고 정밀도가 높은 붓으로 가볍게 그어준다. 흐르지 않도록 도료를 적게 묻혀서. 경계 부분 이외에는 굵은 붓을 쓰자.

일본화에 쓰이는 '보카시 솔(ボカシ刷毛)' 등을 사용하면, 분사 도색과 비슷한 느낌의 그러데이션도 가능하다. 칠하는 방법은 '비행기편 2' 작례 해설 (60페이지부터)을 참조.

세밀한 부분을 구분해서 칠할 때는, 타미야 아크릴 도료를 희석하지 않고 칠한다. 수성 아크릴은 유동성이 너무 강해서 요철에 흘러들어가기 때문이다. 얼룩이나 비치는 부분이 있어도 신경 쓰지 말고, 도막을 최대한 얇게 유지한 채로 일단 한 번 말린다. 마른 뒤에 필요하면 덧칠.

서장

수성 아크릴 도색의 기본

남은 수성 도료의 양이 많은 경우, 주방용 랩 등으로 도료와 밀착되게 뚜껑을 만들어주면 하루 정도는 보존할 수 있다.

타미야 아크릴 도료는 건조된 뒤에도 찌든 때 제거 등에 사용되는 가정용 강력 세정제로 지울 수 있다. 붓이나 팔레트 등의 도구를 씻을 때도 사용하며, 도색에 실패한 키트를 바로 깔끔하게! 옷에 묻은 도료 얼룩도 분해할 수 있다. 단, 원액을 만지면 피부 트러블이 생길 수 있으니, 비닐장갑을 착용하자.

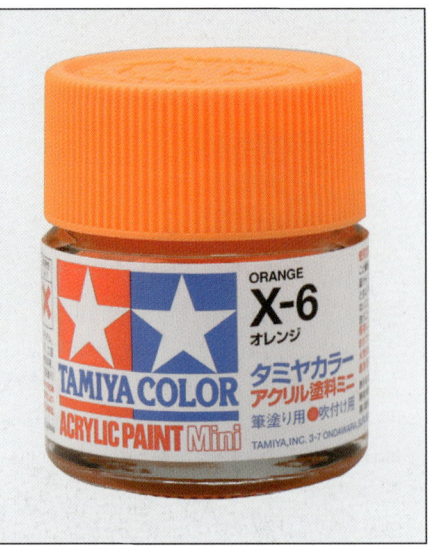

참고로, 수성 아크릴 붓 도색은 디오라마나 캐릭터 모델 등에도 응용할 수 있는데, 기본적으로 플랫(Flat, 무광)계열의 색상을 전제로 하는 기법이며, 메탈릭 계열 이외의 글로스(Gloss, 유광)계열에는 맞지 않는다. 불균일한 표면으로 인한 얼룩이 생기기 쉽고 건조가 느리기 때문이다.

미니 갤러리

타미야 1/48
독일 중전차 티거 I 초기 생산형

(제작 해설은 26페이지부터)

타미야 1/48
일본 육상자위대 10식 전차

(제작 해설은 36페이지부터)

프라모델 조립의 기초

여기서는 알아두면 좋은 프라모델 제작의 기초에 대하여 간단히 설명한다.
필요한 공구도 함께 소개한다.

조립 작업의 개요

프라모델을 만드는 기본적인 방법은, 조립 설명서에 따라서 플라스틱 부품을 '떼어내고' '접착하는' 행동을 반복하는 것입니다. 얼핏 보면 단순할 것 같지만, 이 작업을 얼마나 꼼꼼하게 하는지에 따라서 작품의 최종 완성도가 달라집니다.

필요한 공구도 플라스틱을 잘라내고, 다듬고, 접착하는 목적에 부합한다면, 어떤 것을 써도 좋습니다. 하지만 프라모델 전용 공구나 용품을 사용해서 조립하는 것이 가장 효율이 좋습니다. 프라모델 전용 공구들은 용도가 한정된 만큼 사용하기 쉽고, 비교적 입수하기 쉽습니다. 대표적인 공구는 전부 모형 전문점 등에서 판매하고 있으니, 프라모델과 함께 구입하세요. 최근에는 키트에 에칭 부품을 비롯한 플라스틱 이외의 부품이 동봉된 경우도 있습니다. 이 경우에는 그것들을 위한 전용 공구와 접착제도 필요합니다.

먼저 제작 환경을 확보합시다. 양손을 움직이기 쉬운 넓이의 책상을 준비하고, 제작할 때 작은 찌꺼기 등이 발생하니 낡은 신문지 등을 깐 다음, 그 위에 커팅 매트를 놓으면 OK. 또한 부품이 날아가서 떨어지거나 접착제나 도료를 흘렸을 경우를 생각해서, 주변을 깨끗이 정리해두세요. 무릎 위에 큰 상자를 얹어서 떨어진 부품이 그리로 들어가게 하는 것도 좋습니다. 또한 접착제나 도료 등의 냄새가 나니까, 바람이 잘 통하고 환기하기 쉬운 곳에서 하는 것도 중요합니다.

초보자 주의사항

초보자가 프라모델을 조립할 때 주의할 점이 두 가지 있습니다.

먼저 키트 조립 설명서에 나온 순서는 절대적인 것이 아닙니다. 조립 설명서는 기본적으로 부품의 접착 부위를 알기 쉽게 보여주는 것으로, 클리어(투명) 부품처럼 도색한 뒤에 접착하는 쪽이 편한 부품이나, 극단적으로 가늘고 부러지기 쉬운 부품들을 중간에 접착하라고 적혀 있기도 합니다. 그런 경우에는 일단 그 과정을 생략하고 설명서에 표시를 해둔 뒤에, 나중에 다시 찾아서 접착하는 것이 좋습니다.

두 번째로 대부분의 실패는 나중에 복구할 수 있습니다. 흔히 '명인'이라 불리는 베테랑 모델러들도 종종 실패를 합니다만, 그 사람들은 복구하는 방법을 잘 알고 있기에 '명인'이라고 불리는 것입니다. 여기서 소개하는 몇 가지 복구 절차를 보고, '어떻게든 된다'는 낙관적인 제작 자세를 가지셨으면 좋겠습니다.

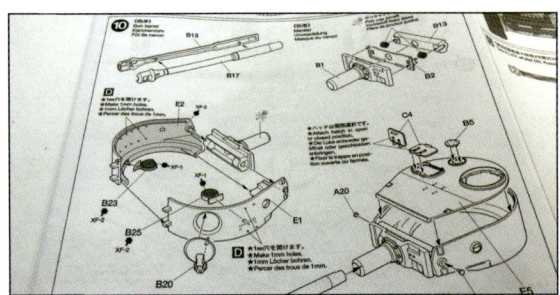
조립 설명서의 순서는 절대적인 것이 아니다. 도색 편의나 가느다란 부품의 파손을 고려해서 순서를 변경해도 좋다.

프라모델을 만들다 보면 잘못 만드는 경우도 왕왕 있지만 대부분의 문제는 나중에 복구할 수 있다. '어떻게든 된다'는 낙관적인 자세를 갖자.

조립 환경

프라모델 조립에 필요한 최소한의 환경을 소개한다. 조립 설명서를 항상 옆에 두고, 조립 순서와 부품 번호, 모양을 확인하자. 그 외에 빈 요구르트 컵 등을 준비해서 자잘한 플라스틱 찌꺼기를 담아두면 나중에 청소하기 편해진다.

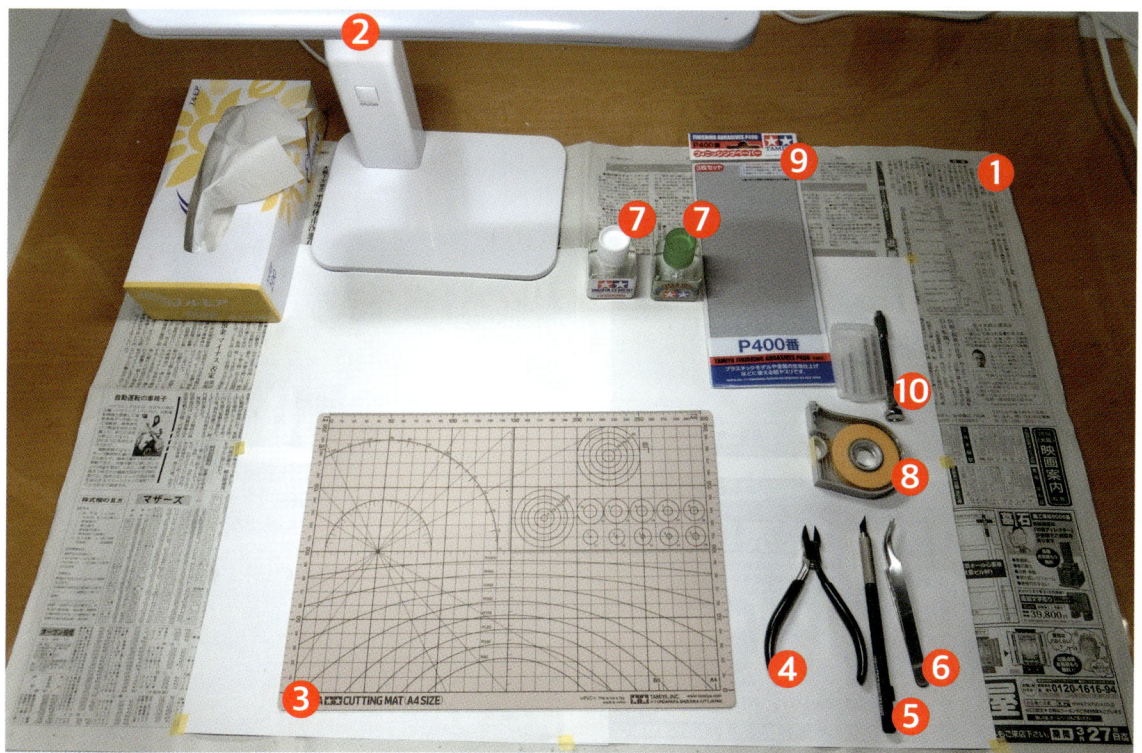

❶ 신문지와 흰 종이
신문지의 빽빽한 잔글씨 때문에 물건을 잃어버릴 수도 있으니, 위에 흰 종이나 무지 골판지를 깔아서 깨끗한 시야를 확보한다.

❷ 스탠드 램프
밝게 해주면 자잘한 작업을 하기 편하다.

❸ 커팅 매트
이 위에서 작업하면 책상에 흠집이 나지 않고, 도료가 묻는 것도 막아준다. 잡지 등으로 대용해도 좋다.

❹ 니퍼
부품을 잘라낼 때 사용한다. 손톱깎이를 사용해도 되지만, 모형용으로 나온 제품이 편하고 빠르고 깔끔하게 잘린다. 타미야의 얇은 날 니퍼를 추천한다.

❺ 나이프
부품의 필요 없는 부분을 깎아내거나 니퍼 날이 들어가지 않는 부분을 잘라낼 때 등에 사용. 날 교체식 '모델러즈 나이프' 또는 '아트 나이프'가 편리. 모양이 비슷한 '디자인 나이프'도 좋지만, 날이 너무 예리해서 이가 빠지기 쉬우니 적응이 필요.

❻ 핀셋
끝이 가는 모형용 핀셋을 사용하자. 끝이 구부러진 것이 사용하기 편하다.

❼ 접착제
프라모델에 접착제가 들어 있지 않은 경우가 많아서, 따로 구입해야 한다. 걸쭉한 일반 타입과, 물처럼 흘려 넣는 타입 2종류를 구분해서 사용하자.

❽ 마스킹 테이프
도색할 때 도료가 묻지 않게 보호해주는 마스킹 테이프. 폭 10mm가 사용하기 편하다.

❾ 방수 사포 400번
'종이 사포'의 일종으로, 물을 묻혀서 사용하면 찌꺼기가 잘 끼지 않는다. 타미야의 '피니싱 페이퍼'가 입수하기 쉽고, 작은 단차 수정에는 400번이 일반적이다.

❿ 핀 바이스
다양한 구경의 드릴 날과 척이 세트 구성. 구멍을 뚫어야 하는 키트에서 필요. 드릴 날은 0.8mm, 1.0mm, 1.2mm, 2.0mm 등을 준비하면 좋다.

조립의 기초

런너(틀), 부품(모형의 부품), 게이트(런너와 부품 사이의 가는 부위).

니퍼로 자르는 법. 손톱깎이로도 자를 수 있지만, 프라모델 전용 니퍼가 있으면 작업 편의성과 완성도를 높일 수 있다.

깔끔하게 자르기 어려울 것 같은 게이트는 일단 조금 여유를 두고 잘라낸 다음 다시 마무리한다.

작은 부품은 테이프를 붙이고 자르면 분실을 방지할 수 있다.

작은 부품을 핀셋으로 잡을 때도 분실이 걱정된다면 테이프를 붙여주자.

작은 부품이나 납작해서 들기 힘든 부품은 나이프 끝으로 살짝 찍어서 집어준다.

조립의 기초

부품에 금형의 분할선이 남은 것을 뜻하는 파팅 라인이나 부품을 접착한 접합선을 지우는 기법 중 하나로, 나이프를 이용해서 대패질하는 방법이 있다. 칼날을 수직으로 세워 살살 문질러주면서 부품을 깎아낸다.

피니싱 페이퍼(방수 사포) 400번을 이용해서 게이트, 파팅 라인을 처리. 네 겹으로 접어서 사용하면 탄력이 생겨서 쓰기 편리하다.

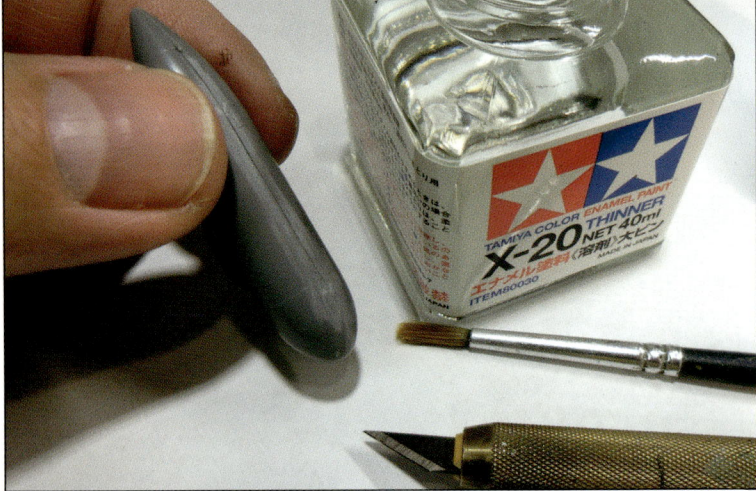

실수로 접착한 부품은 타미야 X-20 에나멜 신너를 발라서 나이프로 분리한다. 에나멜 신너는 플라스틱, 특히 접착 부분을 약하게 만드는 작용을 한다.

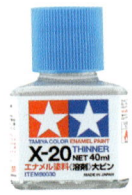

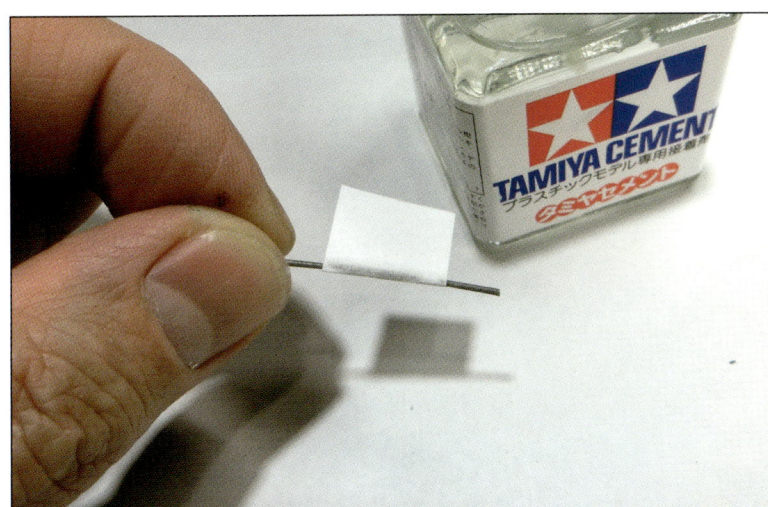

가느다란 부품이 부러지면 접착제로 종이를 붙여서 보강. 모양에 따라서 덧대거나 감고, 마른 뒤에 남은 부분을 자른다. 투박하지만 간단한 방법.

흘려 넣는 접착제의 경우, 부품을 잡은 손에 접착제가 묻어 지문이 찍혀버리는 경우가 있다.

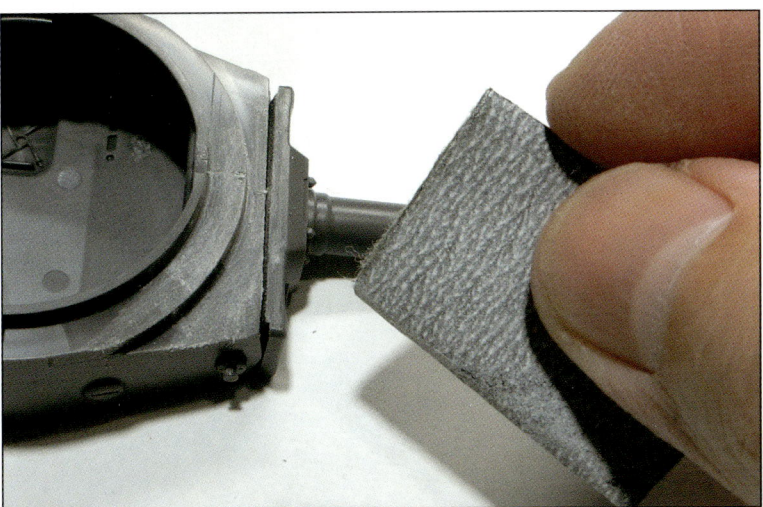

이런 때는 접착제가 완전히 마를 때까지 기다리고, 그 뒤에 피니싱 페이퍼로 갈아내면 된다.

날아간 부품 찾는 방법 1. 접착테이프나 청소용 롤러를 이용해서 찾는다.

날아간 부품 찾는 방법 2. 손전등을 바닥과 수평이 되게 비춰주는 것도 좋다. 그래도 없으면 청소기로 빨아들인다. 단, 청소기 안의 먼지를 미리 비워둘 것!

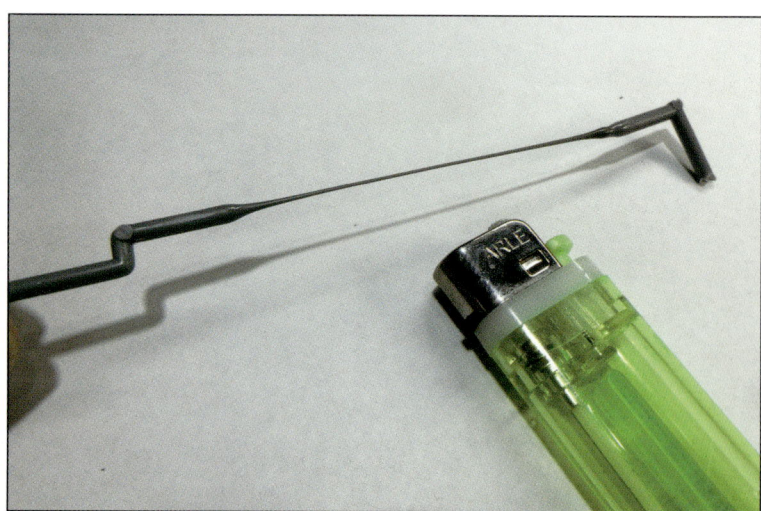

파손, 분실된 부품이 단순한 모양이라면 종이를 이용하거나 런너를 늘려서 자작할 수도 있다. 런너를 늘리는 방법. 필요 없는 런너를 10cm 정도로 자르고, 돌리면서 라이터 불로 지져준다. 자기 무게 때문에 늘어지면 끝을 잡고 당긴다. 익숙해지면 당기는 속도를 조절해서 굵기를 조절할 수도 있게 된다.

하세가와 1/72 P-51D 머스탱

(제작 해설은 68페이지부터)

하세가와 1/450 구 일본 해군 전함 야마토

(제작 해설은 76페이지부터)

제1장
전차를 칠하자!

전차 마니아가 아니라도 인기가 많은 독일의 중전차 티거 I, 일본 육상 자위대의 최신예 전차 10식 전차 등등, 현대 전차 프라모델은 정말 다양하다! 수성 아크릴을 이용한 붓 도색이라면 단색 도색은 물론이고 복잡한 위장무늬도 마음대로. 책상 위에 자신만의 기갑부대를 재현할 수 있다!

전차편 1

수성 아크릴 도색의 기초

타미야 1/48 독일 중전차 티거 I 초기 생산형

■ 타미야 1/48 독일 중전차 티거 I
초기 생산형 (품번 32504)
■ 가격 2,100엔
Tamiya 1/48 German Tiger I Early Production

전차, 하면 티거 I. 타미야의 1/48은 부품 수가 적어서 초보자도 만들기 쉽다. 하지만 차체 하부가 다이캐스트 성형 방식의 금속제 부품으로 구성되어 있어서, 조립할 때 순간접착제가 필요하다. 여기서는 전차 모형의 기초적인 도색 방법으로 테마를 좁혀서 설명한다.

◆ 키트에 대해

동서고금의 전차 중에서도 발군의 인기를 자랑하는 것이 제2차 세계대전 당시, 독일군이 사용했던 Ⅵ호전차 E형, 바로 '티거 I'입니다. '티거(호랑이)'라는 이름, 각지고 두툼한 장갑과 원형 포탑, 그리고 전장에서의 무적 전설 등, 프라모델로 만들고 싶어지는 요소가 가득. 누구나 한번쯤 만들어보고 싶어 하는 아이템입니다.

수많은 키트 중에서 제일 먼저 만들어 볼 것은 타미야 1/48 밀리터리 미니어처 시리즈로 출시된 '독일 중전차 티거 I 초기 생산형'으로 골라봤습니다. 타미야는 전차 모형의 톱 메이커로, 정밀한 재현과 조립 편의성은 최고 수준입니다. 타미야는 1/35 스케일의 밀리터리 미니어처 시리즈(MM 시리즈)가 유명한데, 이번에는 가격이 싸고 조립하기 편한 1/48 스케일, 그리고 묵직한 박력의 짙은 회색 단색이라서 칠하기 쉬운 초기 생산형을 선택했습니다. 이 작례는 1/48이지만, 도색 기법은 당연히 1/35 스케일 키트에도 응용할 수 있습니다. 또한 이 키트는 하부 차체 부품을 다이캐스팅 기법으로 만들었기에 조립할 때는 순간접착제도 필요합니다.

타미야에서는 1/35 스케일 '독일 중전차 티거 I 초기 생산형'(품번 35216, 가격 4,000엔)도 발매 중.

조립 과정에서 주의할 점

포신(조립 설명서 공정⑩, 부품 번호 B15, B17), 포탑(부품 번호 B23, B25), 큐폴라 기부(공정⑪, 부품 번호 E8, E9)는 접합선을 제거해야 하므로, 먼저 조립하고 접착제를 말려두면 효율이 좋다.

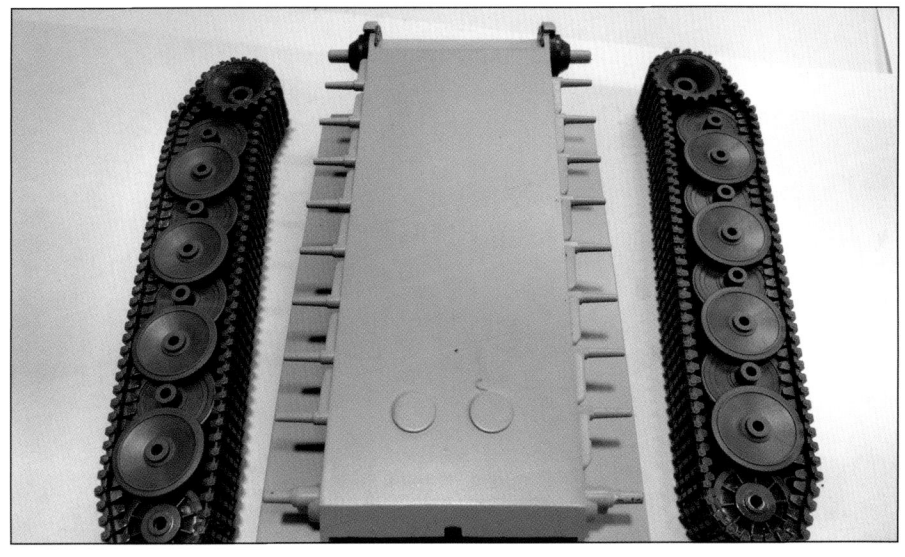

휠 부품을 차체에 접착해버리면 안쪽을 칠하기 힘들어진다. 축에 끼운 휠을 궤도와 접착한 뒤에 차체에서 벗겨주자. 이 때, 가장 바깥쪽 휠(부품 번호 A5)도 따로 빼주면 칠하기 쉽다.

가능하다면 작업하기 전에 유도륜의 폴리캡을 2.5mm, 기동륜의 폴리캡을 3mm 드릴로 뚫어서 구멍을 넓혀주자. 이렇게 하면 조립한 궤도를 벗기기 쉬워진다. 드릴이 없으면 폴리캡을 'C'자 모양으로 잘라줘도 된다.

궤도를 조립할 때도 조립 설명서대로 하나하나 접착해버리면 모양을 잡아주기가 힘들다. 골판지 위에 양면테이프+마스킹 테이프로 접착면을 만들고, 조립 설명서의 순서대로 늘어놓는다. 그리고 그 위에 접착제를 발라주자.

20~30분 지나서 접착제가 반쯤 말랐을 때 구부러트리고, 휠에 감아서 접착하면 편하다.

차체 하부와 다른 부품을 접착할 때는 순간접착제가 필요하다. 바로 튜브를 대고 묻히면 양을 조절하기 힘드니, 적당한 팔레트에 짠 뒤에 이쑤시개 등으로 발라주면 편리.

도색

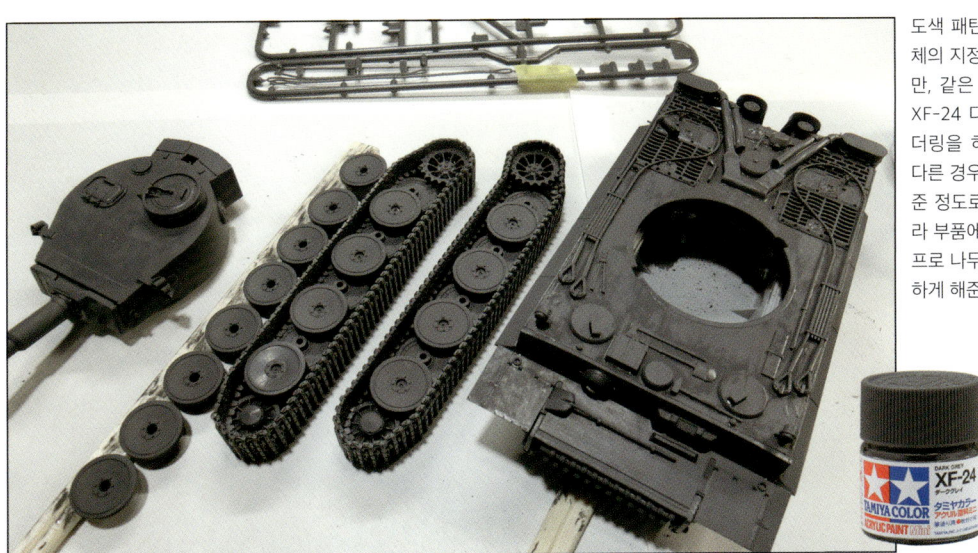

도색 패턴 B, 그레이를 선택했다. 본체의 지정색은 XF-63 저먼 그레이지만, 같은 계열 중에서 한 단계 밝은 XF-24 다크 그레이를 사용하자. 웨더링을 하면 어두워지기 때문이다. 다른 경우에도 제조사의 지정색은 기준 정도로 생각하면 좋다. 필요에 따라 부품에 손잡이를 달거나 양면테이프로 나무젓가락을 붙여서 칠하기 편하게 해준다.

복잡하고 칠하기 힘든, 우묵한 부분부터 칠한다.

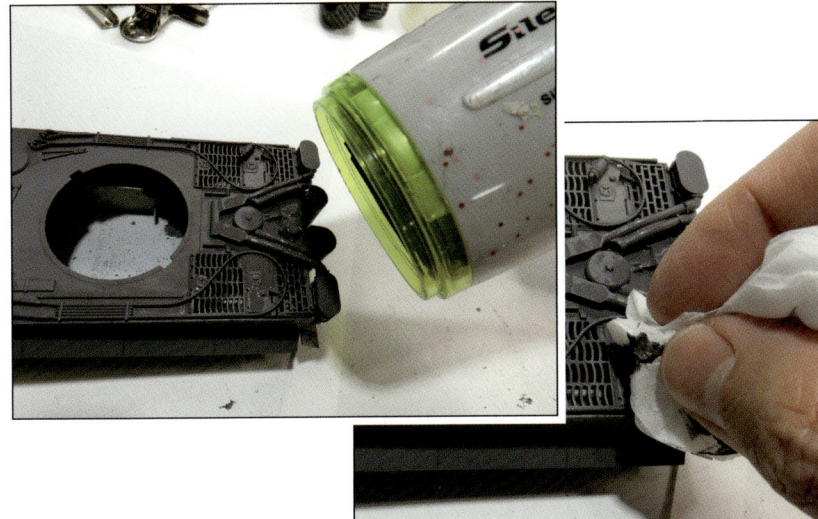

안에 도료가 고이면, 드라이어로 불어낸 다음 티슈로 빨아낸다.

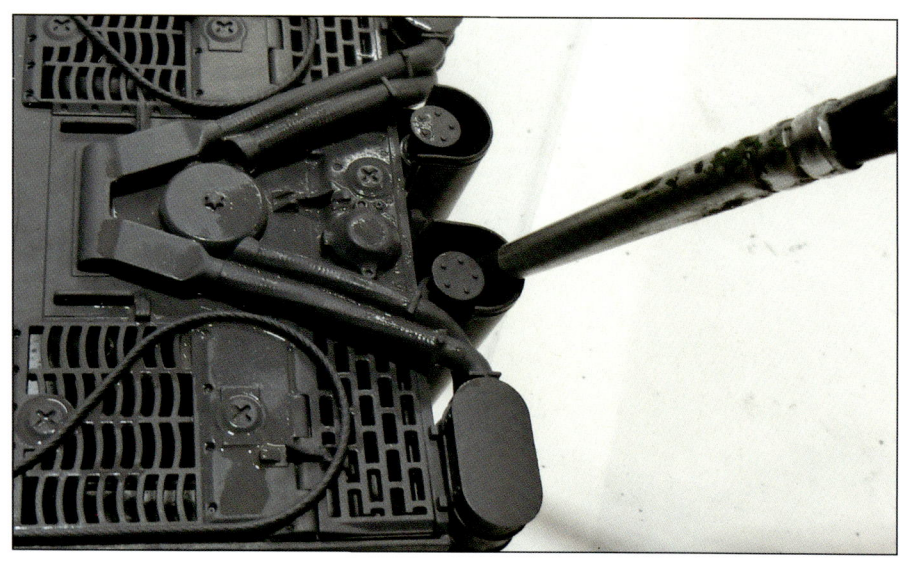

배기관 커버 안쪽 같은 굵은 평붓이 들어가기 힘든 곳도, 지름 3~5mm 정도의 가는 붓이라면 간단히 칠할 수 있다.

세세하게 구분 도색할 때에는 타미야 아크릴을 원액으로 사용하자. 수성 아크릴은 유동성이 높아서 우묵한 곳으로 흘러들어가기 때문이다. 한 번에 끝내려 하지 말고, 얇게 칠한 뒤에 드라이어로 말리고, 두 번째 정도에서 마무리하면 깔끔하다. 삐쳐 나와도 수정하면 되니, 마음 편하게. 참고로 나무 부분의 지정색은 XF-64 레드 브라운인데, 여기서는 XF-15 플랫 프레시를 사용했다. 워싱으로 갈색을 얹어주면 나무처럼 보인다.

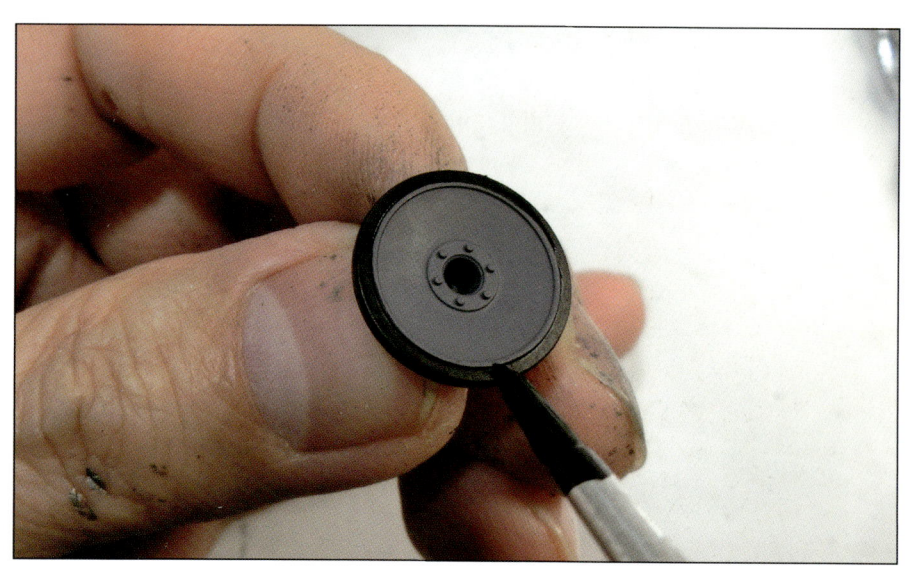

제일 바깥쪽 휠(부품 번호 A5)의 고무 부분은 축을 잡고 빙글빙글 돌리며 칠해주면 금방 끝난다.

XF-1 플랫 블랙+XF-9 헐 레드를 손가락으로 찢은 주방용 스펀지에 묻혀서 해치와 각진 부분에 찍어주면 도장이 벗겨진 느낌(Chipping, 치핑)을 표현할 수 있다. 귀찮으면 생략해도 된다.

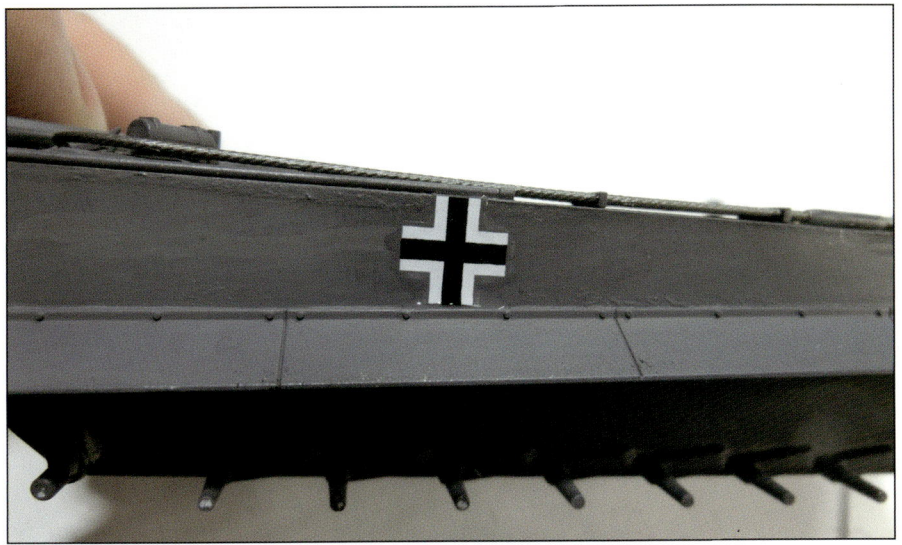

데칼 붙이기. 이번에는 간단히 자리 잡을 수 있을 것 같아서, 먼저 데칼 연화제를 바른 뒤에 붙였다. 경험이 적어 불안하다면 붙인 뒤에 테두리를 중심으로 연화제를 발라주면 좋다. 데칼 붙이기에 대해서는 72페이지에서 자세히 설명한다.

수성 XF-86 플랫 클리어를 데칼 부분과 인접한 면 전체에 발라서 코팅. 꾸물거리면 먼저 칠한 색이 녹아버리니 주의. 단차가 눈에 띄면 건조한 뒤에 두세 번 덧칠한다.

코팅만으로 단차가 해결되지 않으면, 800~1000번 정도의 사포나 스펀지 사포로 살짝 물사포질. 만약 밑색이 묻어 나오면 바로 작업을 중지하고 다시 코팅에 들어간다.

웨더링 작업. 이번엔 타미야의 먹선 전용 도료를 사용. 먹선 도료(다크 브라운)를 잘 흔들어 섞은 다음, 붓으로 차체 하부 구석부터 차체 뒷면, 궤도와 휠에 칠해준다.

차체 위쪽의 눈에 띄는 부분은, 미리 X-20 에나멜 신너를 발라서 적셔두고, 가장자리나 우묵한 곳에 먹선 도료(브라운)를 바른다. 래커 도료에 먹선/워싱을 하듯, 전체에 어두운 색을 짙게 씌우면 안 된다. 수성 아크릴은 표면의 무광=요철이 강하기 때문에, 색이 너무 강하게 남게 된다. 핀 포인트로 다크 브라운도 사용해주면 더 강한 인상을 줄 수 있다.

먹선 도료가 너무 진하게 남은 부분은, 마르기 전에 티슈를 대서 빨아내거나, 마른 뒤에 에나멜 용제를 살짝 적신 면봉으로 닦아내서 조절. 닦아낼 때 상하 방향으로 해주면 리얼한 질감을 살릴 수 있다.

마지막으로 차체 측면의 견인용 와이어(부품 번호 C5)와 따로 도색해뒀던 궤도를 접착. 타미야 크래프트 본드를 사용하면 순간접착제 같은 백화 현상도 없고 작업하기 쉽다.

여기까지 오면 완성. 붓 도색만으로 박스 일러스트처럼 박력 있는 티거 I의 재현에 성공했다.

이것으로 완성!

독일 전차답게 중후한 그레이. 일부러 지정색인 XF-63 저먼 그레이가 아니라, 같은 계열에서 한 단계 밝은 XF-24 다크 그레이를 사용하고 웨더링으로 포인트를 줬다.

차체 뒤쪽. 궤도와 휠 등의 구동부, 양쪽 펜더, 뒷면의 배기관 주변 등, 오염이 발생할 것 같은 부위에 웨더링을 넣었다.

차체 앞면. 각지고 두툼한 장갑판 등이 티거 I 의 강력함을 여실히 보여주고 있다.

차체 앞쪽 윗면. 삽 등의 OVM(On-Vehicle Material, 차재 공구)과 견인 케이블 등 볼거리가 많으니 꼼꼼하게 칠해주자.

포탑 윗면. 스펀지 조각을 이용한 치핑은, 실물 같은 느낌을 주는 데 효과적인 테크닉.

엔진룸 윗면은 특히 오염이 많이 발생하는 부분. 배기관과 해치 주변 등을 중심으로 강하게 웨더링을 넣어주자.

차체 왼쪽. 복잡한 휠과 궤도도 간단히 조립할 수 있다. 접착도 수성 접착제인 크래프트 본드를 사용하면 다루기 쉽다.

마킹은 전부 데칼을 사용. 이 키트는 데칼도 비교적 붙이기 쉬운 편.

전차편 2

위장무늬 도색과 흙먼지의 표현

타미야 1/48 육상 자위대 10식 전차

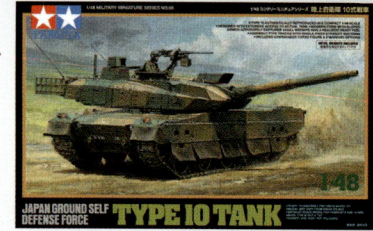

■타미야 1/48 육상 자위대 10식 전차
(품번 32588)
■가격 2,000엔
Tamiya 1/48 Japan Ground Self Defence Force Type 10 Tank

10식 전차는 2010년에 제식 채용된 일본 육상 자위대의 최신예 전차다. 현재 일본 전국에 배치가 진행 중이며, 매스컴에도 자주 등장하고 있고, 최근에는 괴수 영화에도 출연했다. 여기서는 타미야 1/48 키트를 제작. 2색 위장 도색과 마른 흙먼지의 표현을 중심으로 설명하고자 한다.

◆ 키트에 대하여

2010년에 제식 채용된 일본의 제4대 자국산 주력전차인 10식(히토마루시키라 읽는다) 전차입니다. 이 전차는 혼슈 등에 배치된 74식 전차를 대체하기 위해 개발되었고, 실질적으로 홋카이도에서만 운용됐던 90식 전차에 비해 소형, 경량에 높은 기동성을 지녔으며, C41 네트워크 시스템을 통한 연계 전투가 가능한 것이 특징입니다.

타미야에서는 61식 전차를 시작으로 역대 일본 육상 자위대의 주력 전차를 1/35 스케일로 모형화해왔고, 10식 전차도 예외는 아닙니다. 또한 2016년에 발매된 '1/48 육상 자위대 10식 전차'는, 1/35에 비해 저렴하고 조립하기 편하며, 먼저 발매된 1/35와 다른, 최신 사양의 차량을 재현한 모형인 점도 매력입니다. 이번 제작기에서는 2색 위장을 칠하는 방법과, 흙먼지로 인한 오염 표현(웨더링)을 배워 봅시다. 간단한 피규어 도색 방법도 다루고 있습니다.

타미야에서는 1/35 스케일 '육상 자위대 10식 전차'(품번 35329, 가격 4,600엔)도 발매 중이다.

조립시 주의점

티거 I 과 마찬가지로 이번에도 테이프 접착면에 얹어서 연결한 궤도를 20~30분간 놔두고, 접착제가 반쯤 마른 상태에서 휠에 감아 고정한다. 휠이 축에서 잘 빠지는 게 귀찮다면, 크래프트 본드를 아주 조금 묻혀서 차체에 임시로 고정하자.

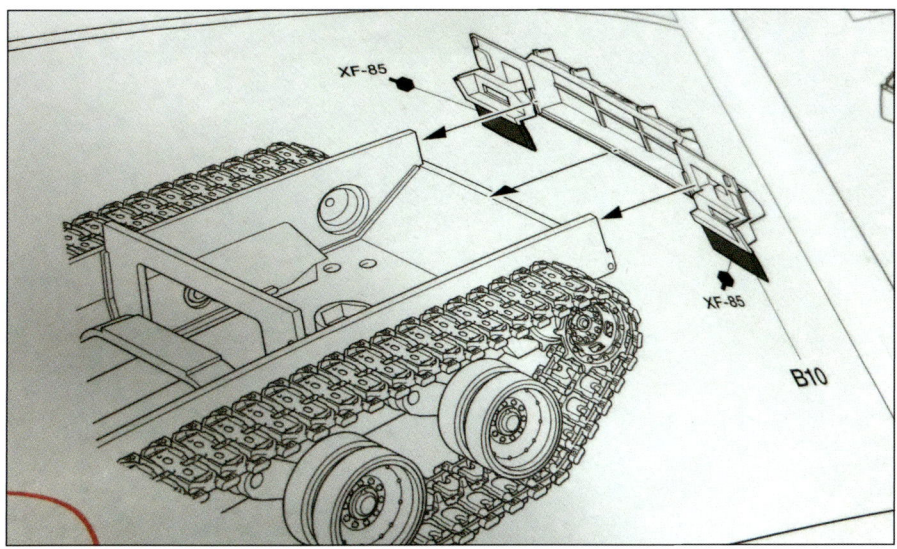

조립 설명서의 공정⑤에서 붙이도록 지정한 리어 패널(부품 번호 B10)을 차체 아래쪽이 아니라 위쪽 부품인 D1+D6+D7에 접착하면, 도색한 뒤에 위아래 차체를 끼워 조립할 수 있게 된다.

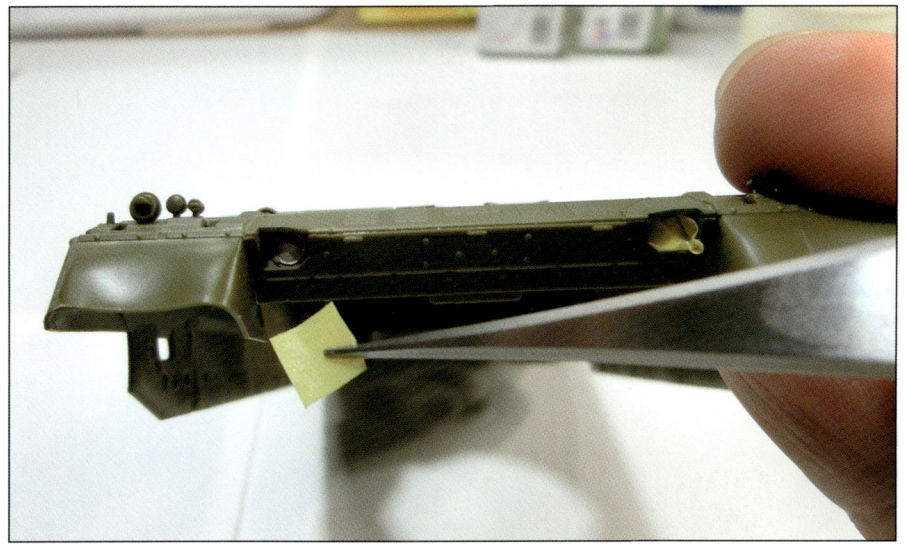

전조등은 본체를 도색한 뒤에는 칠하기 힘들어지니, 먼저 차체와 같은 색으로 칠한 뒤에 마스킹을 해주자.

도색

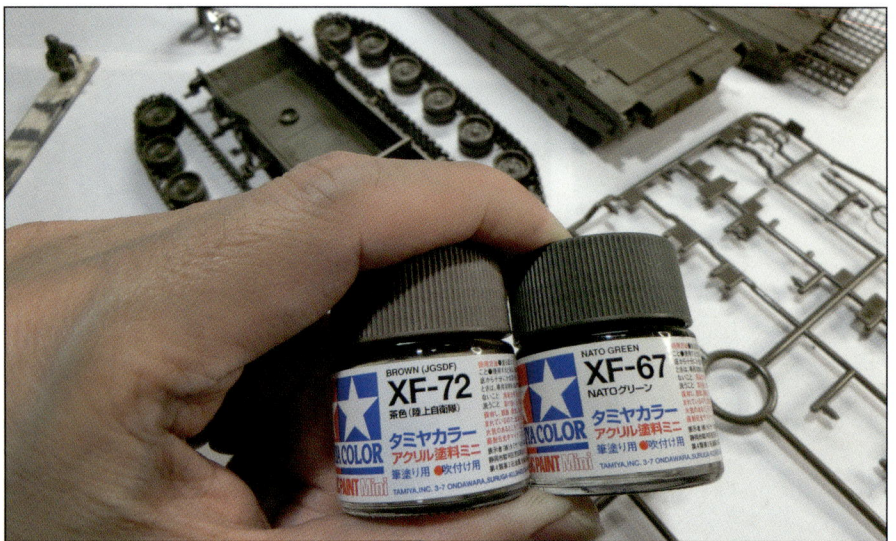

본체의 지정색은 XF-72 갈색(육상 자위대)과 XF-73 진녹색(육상 자위대)이지만 대비가 약한 느낌이라서 XF-73 대신 같은 계열에 더 선명한 XF-67 NATO 그린을 사용.

더 밝은 색인 갈색을 먼저 칠하는 것이 정석. 물로 희석한 도료가 남았을 경우에는, 알루미늄 포일이나 주방용 랩으로 잘 싸주면 몇 시간에서 하루 정도는 보존할 수 있다.

실제 차량의 위장은 마스킹하고 에어브러시로 뿌려서 처리했다. 모형에서 이 부정형을 마스킹하는 건 힘들지만, 수성 아크릴이라면 프리핸드 붓도색으로 간단히 해결할 수 있다. 경계가 완만한 곡선이 되도록 주의하며, 직경 5mm 정도의 약간 가느다란 붓으로 꼼꼼히 그려준다. 나머지 넓은 부분은 나중에 굵은 붓으로 칠해주면 된다.

사이드 스커트 아래의 고무 부분은 XF-85 러버 블랙을 쓰도록 지정되어 있지만, XF-1 플랫 블랙을 바른 뒤에 물로 5배 정도 희석한 XF-24 다크 그레이를 살짝 얹어주면 훨씬 더 실감이 난다.

데칼을 붙이고 건조한 뒤에 코팅할 때는 리퀴텍스 퍼머넌트 매트 바니쉬(자세한 것은 73페이지 참조)를 사용했다. XF-86 플랫 클리어와 달리 밑색을 녹이지 않아 안심할 수 있다. 이어진 면을 전부 칠해버리면 코팅의 경계를 신경 쓰지 않아도 된다.

이번 워싱(자세한 것은 45페이지 참조)에는 타미야 컬러 에나멜 도료를 신너로 희석해서 사용. 먹선에 XF-63 저먼 그레이와 XF-64 레드 브라운, 마른 흙과 진흙의 표현에는 XF-57 버프(Buff)를 사용했다.

39

타미야 컬러 에나멜 도료를 그대로 워싱하기 좋은 농도까지 희석하면 번들거리는 경우가 있으니, 사전에 침전/분리시켜서 위쪽의 클리어 성분은 버리고, 신너를 넣어서 잘 섞어준다. 덜 섞이면 마르지 않는 경우도 있으니 주의. 전동 라우터를 사용하면 편리하다.

모형 표면에 에나멜 신너를 발라두고, 5% 정도 농도로 녹여둔 에나멜 도료를 우묵한 곳에 찍어서 음영과 우묵한 곳에 고인 때를 강조. 동시에 도료가 번지는 것으로 음영을 준다. 본체가 갈색인 부분에는 XF-63 저먼 그레이를, 녹색 부분에는 XF-64 레드 브라운을 사용하면 좋다. 차체 아래쪽, 뒷면, 궤도 등은 나중에 흙먼지를 입힐 것이니 생략한다.

흙먼지를 리얼하게 보여주려면, 농도를 5~20% 정도로 희석한 XF-57 버프를 바르고 드라이어로 말려준 뒤에, 신너를 적신 면봉이나 붓을 위아래 방향으로 살짝 문질러서 지워주는 처리를 반복. 실제 차량의 사진이나 동영상을 쉽게 구할 수 있으니, 리얼하게 보이는 패턴을 연구해보자.

피규어의 눈과 얼굴의 음영까지 다 그릴 필요는 없다. 단순하게 구분해서 칠하고, XF-64 레드 브라운으로 가볍게 먹선 처리만 해주면 리얼하게 보인다(이 사진은 먹선을 넣기 전). 너무 빨리 마르지 않고 밑색을 녹여 버리지 않는 수성 아크릴은, 전투복의 작은 위장을 칠하는 데 가장 좋은 도료다.

■ 이것으로 완성!

10식 전차가 완성. 갈색과 녹색의 위장무늬가 멋진 조화를 이룬다. 또한 펜더에 묻은 흙먼지도 리얼하게 재현했다.

마킹은 전부 데칼을 사용했다. 이 키트도 데칼을 붙이는 것이 비교적 쉬운 편.

전차편 3

위장의 연출 : 붓칠 위장의 표현

아오시마 1/48 리모컨 AFV 중전차 킹 티거

■아오시마 1/48 독일 중전차 킹 티거 (품번 11)
■가격 2,000엔
Aoshima 1/48 German Army Heavy Tank King Tiger

   모델러들이 크게 관심을 가지는 키트는 아니지만, 아오시마의 1/48 리모컨 AFV 시리즈는 적절한 생략과 정확한 부품 구성 덕분에 조립하기 쉽고 멋진 아이템이 많다. 스케일 모델로서의 필요충분조건을 갖췄다고 할 수 있다. 독일군 특유의 위장무늬를 분사 도색으로 재현하려면 마스킹하는 게 고역이지만, 수성 아크릴 붓 도색이라면 한 시간 정도로 끝낼 수 있다. 실제 차량도 에어브러시와 붓 두 가지를 사용했다고 알려져 있다. 키트는 표면이 거칠게 가공되어 있어 도료가 잘 입혀지지만, 세밀한 웨더링 표현을 하기는 조금 힘들지도 모른다.

전차편 3

위장의 연출 : 붓칠 위장의 표현

타미야 1/35 구 일본 육군 97식 중전차 치하

■타미야 1/35 구 일본 육군 97식 중전차 치하
(품번 35075)
■가격 1,900엔
Tamiya 1/35 Japanese Medium Tank Type 97 (Chi-Ha)

 >  >

베이스인 갈색에는 XF-52 플랫 어스를 사용. 겹쳐 칠할 것을 감안해서 옅게.

마른 뒤에 XF-5 플랫 그린과 XF-64 레드 브라운으로 위장무늬를 그려준다.

XF-3 플랫 옐로로 황색 띠를 칠해준다. 너무 깔끔하게 그리려 하지 말고, 과감하게 칠해보자.

타미야 1/35 MM 시리즈 최초의 구 일본 육군 전차. 키트는 1970년대의 금형이지만, 부품 분할이나 차체 리벳의 꼼꼼한 몰드 등은 지금도 충분히 통할 수준이고, 초보자의 입문용이나 베테랑의 작품 제작 양쪽에 적합한 명작이다. 구 일본 육군의 위장무늬는 카키색 바탕에 붓으로 무늬를 그리는 것이 기본. 프라모델의 경우에도 차체 전체에 갈색을 칠한 뒤에, 녹색과 토지색 패턴을 겹쳐 칠한다. 특징적인 노란색 띠는 마지막에 그리는데, 당시의 기록사진을 살펴봐도 그리 깔끔하지는 않으니, 과감하게 그려보도록 하자.

전차편 3
위장의 연출 : 분사 도색풍 표현

타미야 1/35 독일 II호 전차 F/G형

■타미야 1/35 독일 II호 전차 F/G형
(품번 35009)
■가격 1,200엔
Tamiya 1/35 Panzer Kampfwagen II
Ausf. F/G

타미야의 1/35 MM 시리즈의 전설적인 키트로, 지금도 안정적으로 공급되고 있다. 시리즈 가장 초기의 아이템이지만, 독일 전차답게 각진 실루엣, 스케일 모델로서의 정밀한 세부 표현, 극단적으로 부품이 적고 조립하게 쉬운 구성. 거기에 포탑 해치 개폐와 도구 상자 등의 선택지, 도색의 폭넓은 베리에이션 등등, 만들기 쉽고 즐길 수 있는 요소가 많다. 초보자나 복귀한 모델러가 처음으로 만드는 전차 모형으로도, 베테랑 모델러가 초심으로 돌아가서 가볍게 즐기기에도 적합한 키트일 것이다.

수성 아크릴 붓 도색으로 분사 도색에 의한 그러데이션과 비슷한 표현도 가능하다. 자세한 기법은 비행기편 64페이지를 참조. 참고로 이런 키트에 포함된 부속품 중 폴리에틸렌 소재로 된 궤도 벨트 부분은 열에 약하기 때문에 드라이어를 사용할 때는 냉풍 모드를 이용할 것.

워싱 기법과 도료
먹선 도료, 에나멜, 웨더링 컬러, 유화물감

워싱/먹선이란

'먹선'은 브라운이나 저먼 그레이 등의 어두운 색 도료를 신너로 희석해서 우묵한 부분에 흘려 넣듯이 칠하는 기법으로, 실물의 음영이나 세밀한 부분에 고인 때를 표현하는 경우에 사용된다. 그리고 옅게 희석한 도료를 전체에 칠해주는 '워싱'은, 표면의 때 등을 표현해서 보다 실감나게 만드는 기법이다. 개인적으로는 먹선과 워싱에 블랙을 사용하는 것은 추천하지 않는다. 그림자로서도 때로서도 색이 너무 강하기에, 오히려 실물감이 죽어버리는 경우가 많기 때문이다.

음영을 강조해서 작은 모형을 크게 보이게 해주는 효과가 있다.

실제 워싱/먹선

타미야 컬러 에나멜 도료 등의 에나멜계 도료를 전용 신너로 희석해서 사용한다. 먹선 도료나 Mr. 웨더링 컬러는 처음부터 먹선에 적절한 농도로 희석된 상태이기에, 병에 든 도료로 그대로 먹선 작업이 가능하지만, 사용할 수 있는 색이 한정되고 미세한 농도 조절을 할 수 없다는 단점이 있다.

워싱에도 먹선과 마찬가지로 에나멜계 도료를 사용한다. 이쪽도 다양한 전용 색이 판매되는데, 자신이 조합한 것을 사용해도 좋다.

워싱의 예. 모형 표면을 신너로 적셔두고, 희석한 색을 테두리나 우묵한 곳에 찍어서 번지게 한다. 수성 아크릴의 표면은 요철이 강하기 때문에, 일반적인 워싱 농도(5~10%)의 도료를 전체에 발라버리면 색이 너무 진하게 먹혀 들어가기에 좋지 않다. 포인트만 잡아서 색을 입히거나, 아주 옅게(3% 이하) 희석하여 중력 방향을 따라 여러 번 칠해주자.

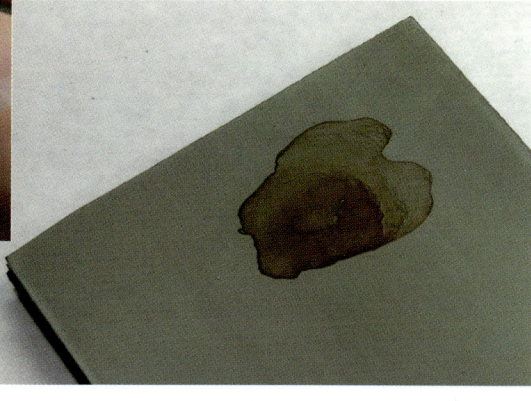

참고로 수성 아크릴은 워싱에 적합하지 않다. 아주 옅게 희석하면 부옇게 보이는 데다, 색이 패널라인에 들어가 정착되는 게 아니라, 칠한 부분의 가장자리만 고리처럼 색이 진하게 남기 때문이다.

타미야 먹선 도료

워싱에는 가장 간단하고 확실하다. 잘 흔든 뒤에 뒤집은 병 바닥에 거품이 보이는 것을 확인한다. 면에 표정을 줄 때는 먼저 에나멜 신너를 바른 뒤에 핀포인트로 색을 입힌다.

단, 에나멜 신너가 묻으면 플라스틱이 약해질 수 있어서, 가늘고 힘을 받는 부분(비행기의 랜딩기어 등)은 부러질 수도 있으니, 너무 많이 바르지 않도록 주의하자.

타미야 컬러 에나멜 도료

워싱의 기본. 색을 마음대로 선택할 수 있는 게 매력이지만, 농도 조절에는 요령이 필요하다. 병에 든 도료를 극단적으로 희석하면 무광색이라도 성분이 분리돼서 번들거리는 경우가 있다. 성분이 분리된 상태에서 위쪽의 클리어 성분을 버려주면 방지할 수 있다. 도색하기 전에 잘 섞어주지 않으면 마르지 않을 수도 있으니 주의. 에나멜 신너가 플라스틱에 악영향을 주는 것은 먹선 도료와 마찬가지다.

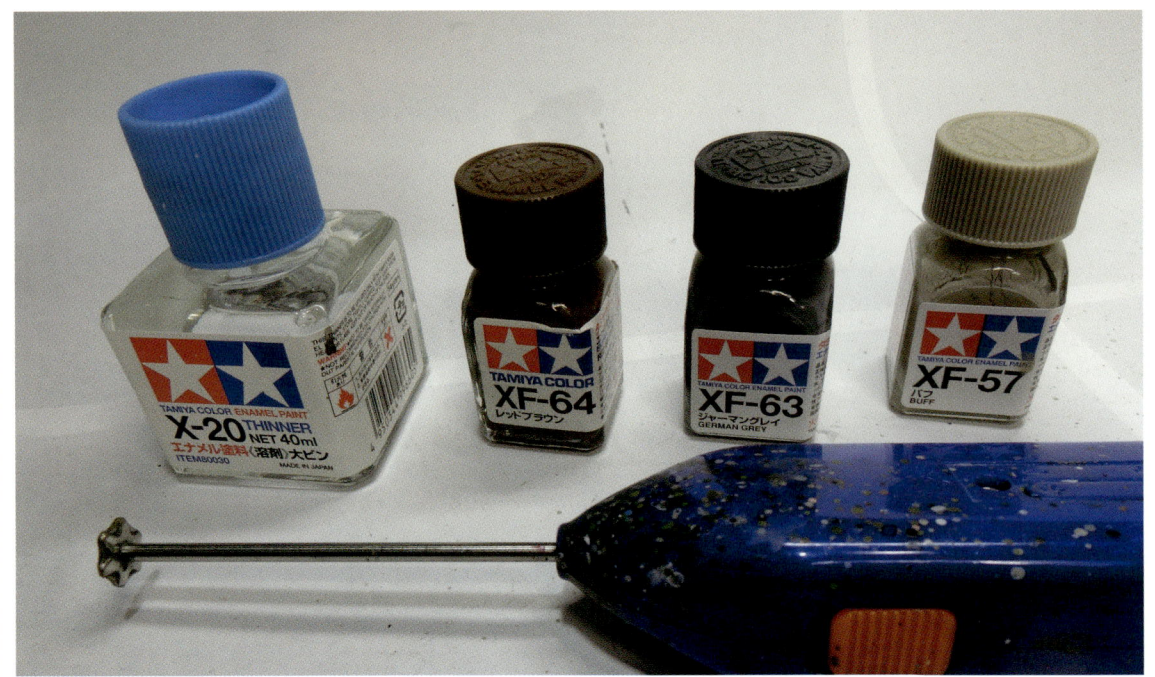

GSI 크레오스 Mr. 웨더링 컬러

성질은 유화물감에 가깝지만 입자가 세밀하다. 기본적으로 상당히 엷게 조합되어 있으며, 용도가 한정되기 때문에 개인적으로는 위로 뜨는 투명한 액체를 전부 버리고, 침전물을 전용 희석액을 이용해 임의의 농도로 녹이는 것을 선호한다. 이 도료의 전용 신너는 플라스틱을 거의 침식하지 않으니, 세밀한 부분에도 안심하고 사용할 수 있다.

   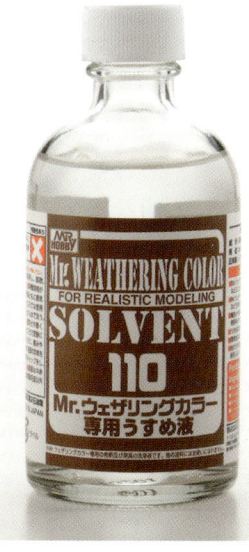

미술용 유화물감

화방이나 대형 수예점에서 1개 250엔 정도의 가격으로 구매할 수 있다. 개인적으로는 블루 블랙과 번트 앰버 2색이 있으면 어지간한 것은 다 해결된다고 본다. 페이스트 상태고, 얇게 펴면 금세 말라버린다. 두껍게 칠하면 신너가 휘발된 뒤에도 경화될 때까지 몇 시간 이상이 걸릴 수도 있지만, 그 느린 건조 속도를 이용한 세밀한 표현도 가능하다. 용제는 홀베인의 오더리스 페트롤을 추천. 이것도 플라스틱에 거의 영향을 주지 않는다.

 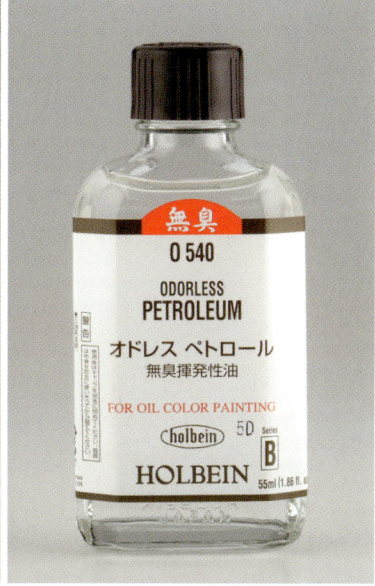

제 2 장 AIRPLANE

비행기를
칠하자!

프라모델의 역사를 만들어온 장르인 비행기 모델. 제로센, 메서슈미트, 머스탱 등 세계의 명기를 책상에서 재현할 수 있는 것이 프라모델의 재미. 지금까지 섬세한 비행기 모델의 도색에는 에어브러시가 이상적이라고 여겨왔지만, 도막을 얇게 유지할 수 있는 수성 아크릴이라면 붓 도색으로도 샤프하고 설득력 있는 완성도를 간단히 즐길 수 있다!

비행기편 1

벗겨짐과 퇴색 표현

타미야 1/48 미츠비시 영식 함상 전투기 52형/52형 갑

■ 타미야 1/48 미츠비시 영식 함상 전투기 52형/52형 갑(품번 61103)
■ 가격 3,200엔
Tamiya 1/48 Mitsubishi A6M5/5a Zero Fighter (Zeke)

태평양전쟁 전 기간에 걸쳐 전선에 투입된 구 일본 해군의 함상 전투기 제로센. 타미야 1/48 제로센 52형은 뛰어난 설계와 높은 성형 정밀도 덕분에 조립이 간단하다. 여기서는 제2차 세계대전 말기의 일본제 항공기에서 흔히 볼 수 있는 도색 열화를 간단히 표현하는 방법을 중심으로 설명하고자 한다.

◆ 키트에 대하여

타미야에서 2008년에 발매된 1/48 스케일 신금형 키트입니다. 정밀하고 부품 수가 많지만, 뛰어난 설계와 높은 성형 정밀도 덕분에 조립은 어렵지 않습니다. 52형과 52형 갑을 선택할 수 있는데, 이번엔 52형 갑으로 제작했습니다. 착석한 모습에 더해 서 있는 모습을 한 4종류의 피규어도 같이 들어 있어서, 꼼꼼하게 칠하면 디오라마같은 분위기도 즐길 수 있습니다.

가격이 싸고 부품이 적은 키트가 좋다면 타미야 1/48 '일본 해군 영식 함상 전투기 52병형(A6M5c)'(품번 61027), '일본 해군 영식 함상 전투기 32형(A6M3)'(품번 61025), '일본 해군 영식 함상 전투기 21형(A6M2)'(품번 61016)도 추천합니다.

착석한 모습에 더해 서 있는 모습을 한 4종류의 피규어도 같이 들어 있다.

타미야에서는 같은 스케일로 '일본 해군 영식 함상 전투기 52병형(A6M5c)'(품번 61027, 가격 1,500엔), '일본 해군 영식 함상 전투기 32형(A6M3)'(품번 61025, 가격 1,500엔), '일본 해군 영식 함상 전투기 21형(A6M2)'(품번 61016, 가격 1,500엔) 등도 발매 중.

조립 시 주의할 점

콕피트 부분은 동체를 조립하기 전에 도색해둬야 한다. 사진에는 없지만 휠 베이(부품 A5)도 조립 전에 안쪽을 칠해두면 편하다.

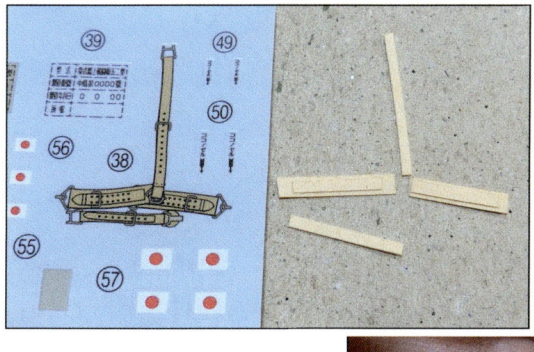

좌석 벨트 데칼이 들어 있지만 입체감이 부족해서 데칼을 참조하여 종이로 간단히 자작했다. 캐노피를 닫으면 잘 보이지 않으니 적당히 해도 된다. 접착에는 목공 본드와 크래프트 본드를 사용.

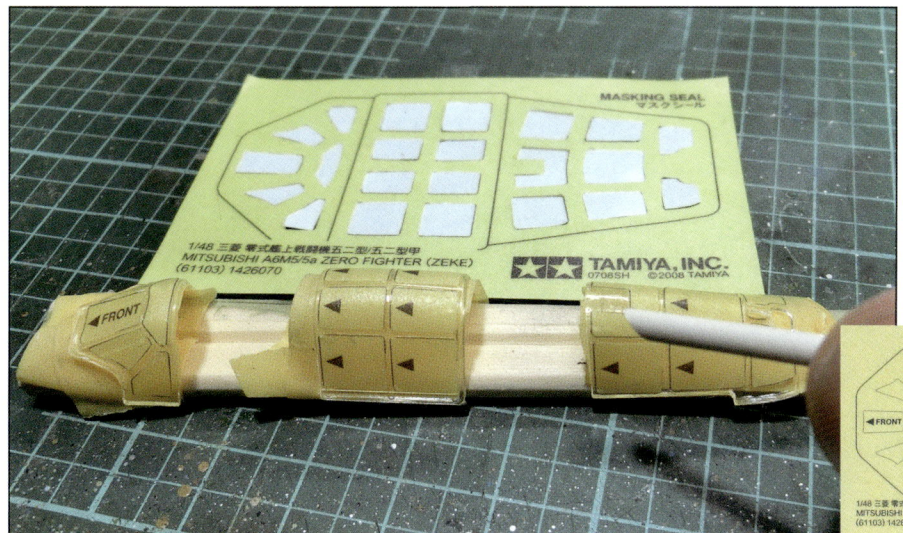

캐노피를 마스킹할 때는 키트에 들어 있는 전용 시트를 사용하면 편하다. 밀착시킬 때는 종이 면봉의 봉을 비스듬히 자른 것이 부품에 흠집을 내지 않으면서도 편리하다.

도색

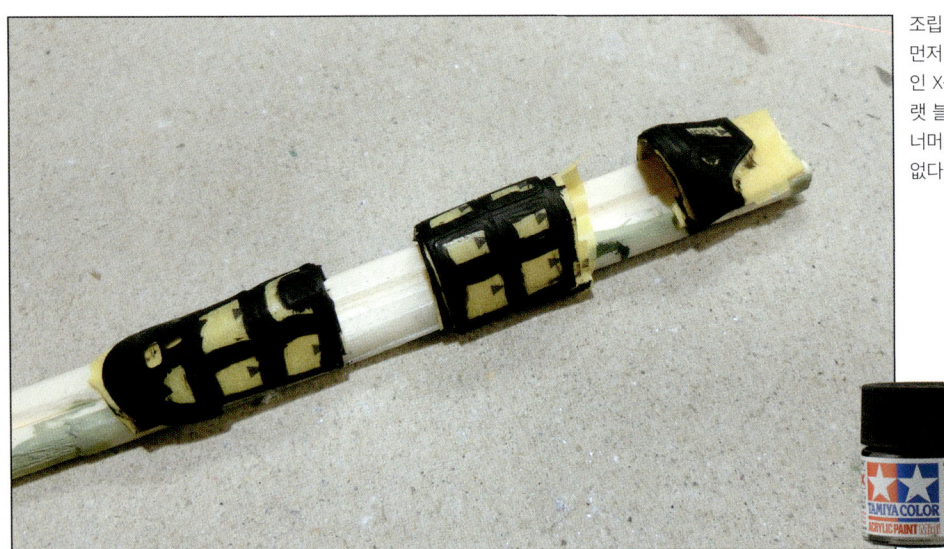

조립 설명서의 지시대로 캐노피에는 먼저 검정색을 칠해준다. 단, 지정색인 X-18 세미 플랫 블랙보다 XF-1 플랫 블랙이 더 빨리 마른다. 투명 부품 너머로만 보이니까 광택 차이는 상관없다.

칠이 벗겨진 느낌의 사전 준비로 기체 윗면에 X-11 크롬 실버를 바른다. 붓 자국이 남지 않게 주의하면서 2겹 정도로.

대전 말기를 제외하면 구 일본 해군기는 대부분 붉은색으로 밑색을 칠했다. 52형 갑이 어땠는지는 모르지만 이번에는 모형적 연출로 XF-7 플랫 레드를 칠했다. 효과 차이를 보기 위해서 기체 윗면 왼쪽에만 칠했다.

밑면에 XF-12 밝은 회백색을 2겹 칠했다. 이 정도면 충분히 은폐가 될 것이다.

끝 부분에 도료가 살짝 고여서 두꺼워졌기에, 800번 스펀지 사포로 갈아줬다.

윗면에 XF-11 암녹색, 첫 번째 칠. 이 뒤에 한 겹 더 칠했다. 요철이 많은 전차와 달리 비행기는 표면이 매끄럽고 색이 다른 곳이 많다. 도료를 물로 희석할 때는 빈 컵 등의 용기를 사용하고, 도색하기 전에 붓을 가장자리에 문질러서 과하게 묻은 도료를 털어주면, 도료가 흘러서 고이거나 엉뚱한 곳으로 들어가는 사고를 줄일 수 있다.

퇴색층으로 XF-11 암녹색과 XF-2 플 랫 화이트를 1 : 1로 섞어서 만든 색을 물로 3배 정도로 희석하고, 얇게 덧칠 한다.

주익 앞쪽의 피아 식별 띠는 데칼로 들어 있기는 하지만, 본체의 암녹색 처럼 벗겨진 표현을 넣기 위해 도색 으로 처리했다. 마스킹 테이프를 붙 이고 XF-2 플랫 화이트를 밑색으로 칠한 뒤, X-6 오렌지 : XF-3 플랫 옐 로 = 1 : 2로 조합한 색을 칠했다.

캐노피의 마스킹을 벗기고, 삐쳐 나 온 도료를 수정. 물에 불린 이쑤시개 로 긁으면 투명 부품에 흠집을 내지 않는다.

칠이 벗겨진 표현

기체를 스펀지 사포 800번으로 가볍게 물사포질(찌꺼기가 끼는 것을 막기 위해 스펀지 사포에 물을 묻혀서 문지른다)을 하여 정비 과정에서 표면의 도색이 벗겨진 모습을 재현한다. 물사포질로 노출된 빨간 밑색이 효과적이다.

기체 우측에는 도색이 들떠서 벗겨진 표현을 해보자. 덕트 테이프를 붙여서 꼭 밀착시키고, 힘차게 떼어낸다. 타미야 아크릴 XF-11 암녹색은 도막이 약하니까, 벗겨진 표현에서 일반적으로 사용하는 실리콘 배리어나 헤어스프레이 같은 박리제를 사용하지 않아도 표현이 가능하다.

최종적으로는 오른쪽에도 긁힌 자국을, 왼쪽에도 벗겨진 모습을 표현했다.

도색 마무리

캐노피 등의 투명 부품을 접착할 때는 크래프트 본드나 목공 본드를 사용하면 백화현상이 일어나지 않는다. 삐쳐 나오면 면봉으로 닦아내자.

XF-11 암녹색 등이 삐쳐 나온 곳을 XF-12 밝은 회백색으로 수정한다.

데칼을 붙인다. 연화제를 써서 잘 밀착시키고, 마른 뒤에 리퀴텍스 퍼머넌트 매트 바니쉬로 코팅했다. 자세한 것은 72, 73페이지를 참조.

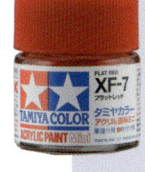

XF-7 플랫 레드 : XF-2 플랫 화이트 =1 : 1로 조합한 색을 물로 3배 정도로 희석한 것을 빨간 원 위에 겹칠해서 퇴색을 표현.

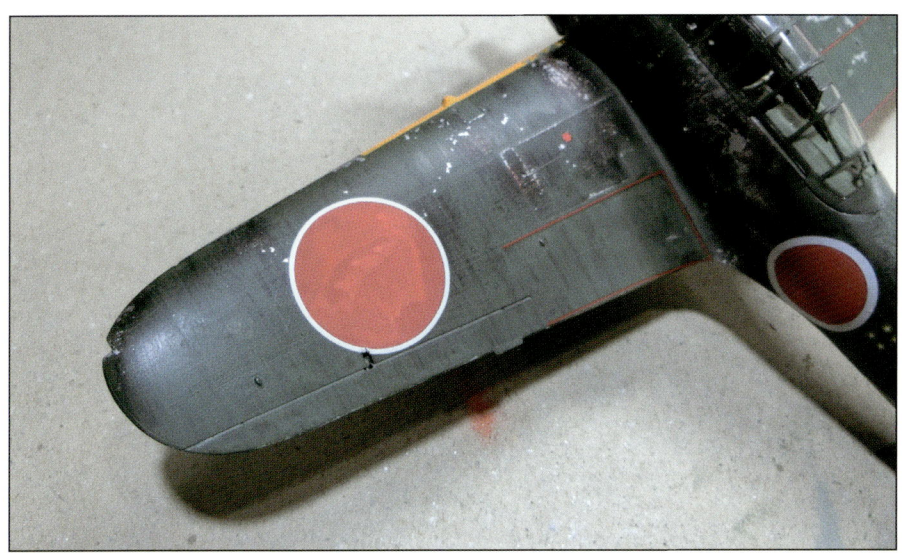

퇴색층을 칠한 빨간 원은, 건조한 뒤에 살짝 물사포질해준다. 물사포질로 정비하면서 손이 닿은 흔적을 연출하는 것이다.

이번에는 데칼을 붙이고 나서 워싱을 했다. 데칼을 붙이거나 클리어 코트 처리를 하고 나면 몰드가 메워져버려서 워싱을 해도 패널이 그다지 강조되지 않지만, 윗면의 경우는 퇴색과 벗겨진 모습만으로도 정보량이 많아서 워싱으로 패널을 강조할 필요가 없다고 생각했기 때문이다. 또한 데칼을 붙인 후에 워싱을 하면 전체적인 색을 잡기 좋다는 이점이 있다. 유화물감 번트 앰버와 블루 블랙을 오더리스 페트롤로 희석한 것을 전체에 칠해서, 기름과 검댕 자국을 표현했다. 또 희석한 유화물감을 머금은 붓을 손가락으로 튕겨주면 산발적인 기름 자국을 쉽게 연출할 수 있다.

당시의 사진을 보니 기체 밑면 중심부에는 엔진에서 새어나온 오일 줄기 여러 개가 짙게 남아 있어서, 과감하게 칠해줬다.

마지막으로 나일론제 인형 머리카락으로 안테나선을 만든다. 나일론은 탄력이 있고 튼튼하지만, 표면이 매끄러워서 접착제가 잘 붙지 않으니, 꼬리날개와 안테나 지주에 0.3mm 구멍을 뚫고 거기에 걸어서 묶어줬다. 고정한 뒤에 XF-11 암녹색으로 칠했다.

드디어 완성. 오른쪽과 왼쪽의 벗겨진 상태가 다른 점에 주목하자.

이것으로 완성!

기수. 기체와 마찬가지로 프로펠러와 카울링에도 벗겨진 표현을 해줬다.

동체 왼쪽. 붉은 밑색 아래에 있는 금속 색이 드러날 정도로 벗겨진 상태를 표현했다.

꼬리날개. 동체의 격추 마크와 수직 꼬리날개의 기체 번호 데칼을 붙인 뒤에 클리어 코트를 입혔다.

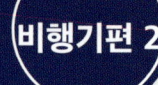

비행기편 2

찍기와 분사 도색풍의 그러데이션

타미야 1/48 메서 슈미트 Bf109E-4/7 TROP

■ 타미야 1/48 메서슈미트 Bf109E-4/7 TROP(품번 61063)
■ 가격 2,500엔
Tamiya 1/48 Messerschmitt Bf109E-4/7 Trop

제2차 세계대전 당시, 독일 공군기는 스프레이 건으로 뿌려서 그린 위장으로 유명하다. 여기서는 붓으로 에어 그러데이션 풍의 무늬를 표현하는 기법을 소개하고자 한다. 또한 초기에 있었던 붓 또는 거친 천으로 도료를 찍은 '찍기' 위장도 같이 설명할 것이다.

◆ 키트에 대하여

메서슈미트 Bf109E는 제2차 대전 전반의 독일 공군 주력 전투기입니다. E-4형은 1940년에 치러진 영국 본토 항공전 당시, 독일 공군의 주력기로 활약한 타입으로, 타미야의 1/48 키트는 동체 아래에 연료 탱크를 장비할 수 있는 E-7형, 사막용 에어 필터를 장착한 Trop형을 선택해서 제작할 수 있습니다. 거기에 맞춰서 마킹도 세 종류 중에서 선택이 가능합니다.

제2차 세계대전의 독일 공군기는 재미있는 위장색이나 마킹이 많아서, 모델러의 마음을 자극합니다. 스프레이 건으로 뿌린 그러데이션 위장이 유명한데, 키트 도색 예시(C)의 헬무트 뷔크 소령의 기체처럼 초기에는 현지에서 붓 또는 거친 천에 도료를 묻히고 기체에 찍어서 위장 무늬를 만들었던 '찍기' 위장이 있습니다.

이것을 모형에서 재현하려면, 역시 붓으로 찍어서 그리는 것이 제일입니다. 한편, 붓만 가지고 분사 그러데이션풍으로 표현하는 기법도 있습니다. 여기서는 키트 하나의 좌우를 다른 사양으로 삼아, 한 대로 두 가지 도색법을 설명하겠습니다.

타미야에서는 같은 스케일로 초기형인 '메서슈미트 Bf109E-3'(품번 61050, 가격 2,500엔)도 발매 중.

조립과 도색

이번에도 데칼을 참조해서 종이로 좌석 벨트를 재현했다.

캐노피의 마스킹은 굿스마일 레이싱의 점착 알루미늄 포일 '크롬 마스터'를 사용. 면봉으로 밀착시킨 뒤에 잘라낸다. 일반적인 마스킹 테이프나 마스킹 필름보다 요철 부분을 더 잘 살리는 것이 이점이다.

먼저 기체 오른쪽을 도색 예시(C)의 패턴으로 칠한다. 윗면의 밝은 부분은 XF-22 RLM그레이 : XF-49 카키 = 1 : 1로 지정돼 있지만, 독자적인 판단으로 XF-2 플랫 화이트를 앞의 두 색과 같은 비율로 추가, 명도를 높였다. 조합한 도료는 수정할 때를 대비해서 스페어 보틀에 보존한다.

찍기 위장 재현

윗면 어두운 색인 XF-62 올리브 드랩 : XF-49 카키= 1 : 1은 지정색대로 사용해서 대비를 강조했다. 5mm 정도의 약간 가는 붓으로 그어주면 직선적인 경계선도 마스킹 없이 칠할 수 있다. 삐쳐 나오면 수정하면 되니까 부담 없이.

찍기에는 화방이나 인터넷에서 수백 엔 정도에 구할 수 있는 작은 보카시 솔이 가장 적합하다. 생활용품 매장 등에서 파는 아이섀도 브러시로도 비슷한 효과를 얻을 수 있지만, 편의성은 보카시 솔에 못 미친다.

물에 희석한 윗면 어두운 색을 보카시 솔에 묻히고, 용기 테두리에 잘 문질러서 여분의 도료를 털어낸다. 그 뒤에 살짝 찍어서 시험해본다. 이만하면 됐다.

동체 옆면에 찍기 도색. 도색 예를 보면, 콕피트 주위는 밀도가 짙은 것 같다.

기수와 수직 꼬리날개 방향타에 대장기 식별용 노란색을 칠한다. 패널라인을 따라 칠하면 되니, 프리핸드로 칠해도 어렵지 않다. 실제 기체도 칠하면서 삐져나온 곳이 있었을 것이고, 어차피 웨더링을 하면 보이지도 않으니 열심히 균일하게 칠할 필요는 없다.

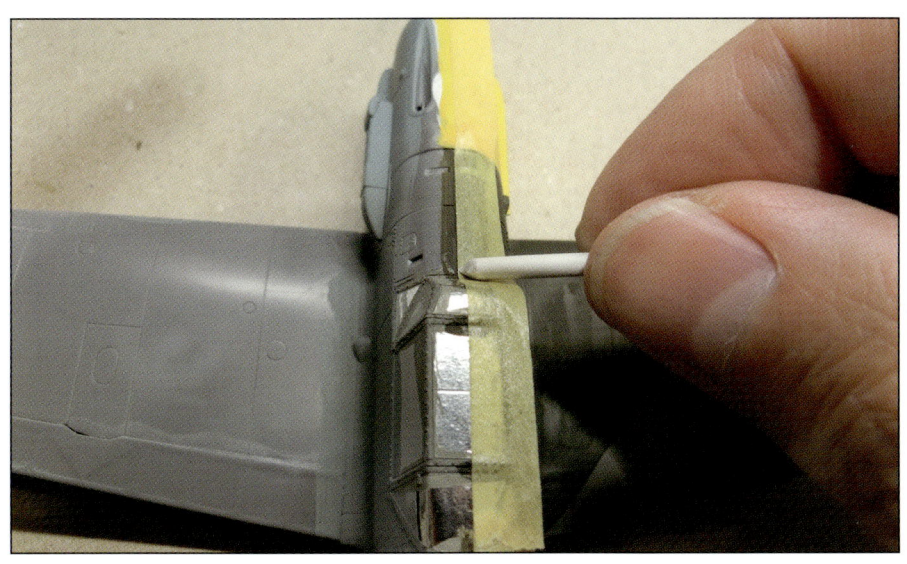

기체 왼쪽을 칠하기 위해서 마스킹 테이프를 붙인다. 비스듬하게 자른 종이 면봉 막대로 꼭 눌러서 밀착시킨다.

분사 그러데이션풍 위장의 재현

왼쪽은 도색 예의 패턴B. 윗면 밝은 부분의 지정색은 XF-59 데저트 옐로 : XF-64 레드 브라운 = 3 : 1이지만, 더 밝게 칠하기 위해서 XF-59 데저트 옐로만 사용하고 물을 30% 정도 넣어서 칠했다. 경계는 XF-59 데저트 옐로 : XF-23 라이트 블루 = 1 : 1에 물을 넣고, 보카시 솔로 찍어서 그러데이션을 준다. 색 차이가 적으니 그러데이션은 1단계로 충분하다.

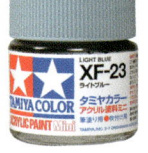

키트의 도색 예시를 보고 반점 패턴을 연필로 작게 그려준다. XF-59 데저트 옐로 : XF-58 올리브 그린 = 2 : 1을 물로 희석해서 그러데이션 제1층. 측면에는 XF-23 라이트 블루 : XF-58 = 2 : 1을 물에 희석해서 찍어준다.

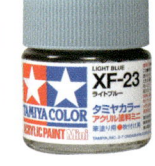

XF-59 데저트 옐로 : XF-58 올리브 그린 = 1 : 2를 희석하고 찍어서 그러데이션 두 번째 층. 아까보다 조금 더 작게.

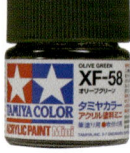

다음으로 XF-58 올리브 그린을 찍어 준다.

그리고 반점 중심부에는 보통 붓으로 XF-58 올리브 그린을 찍어서 악센트를 준다.

측면도 같은 순서로 XF-58 올리브 그린의 농도를 높여서 그러데이션.

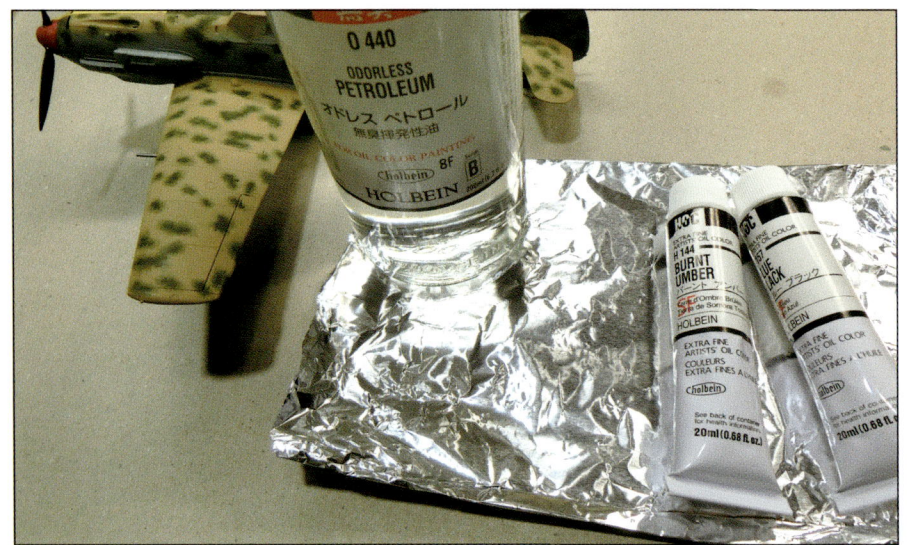

이번에는 데칼을 붙이기 전에 전체적으로 워싱을 한다. 데칼을 붙인 뒤에 하면, 코팅용 클리어 도료 때문에 패널라인이 묻혀서 웨더링이 잘 먹지 않는 경우가 있기 때문이다. 웨더링에는 유화물감 번트 앰버와 블루 블랙을 섞어서 오더리스 페트롤로 희석한 것을 사용했다.

털이 약간 벌어진 붓으로 중력 방향을 의식하면서 줄을 그어준다. 비행기는 주기상태인 시간이 길기 때문에, 비행 중에 발생하는 배기가스의 그을음이나 엔진 오일 얼룩 외에는, 위에서 아래로 흐르는 얼룩이 생긴다. 워싱에 사용할 도료는 좀 많이 묽다 싶은 농도(은폐율 3% 정도)부터 시작해서, 부족하다 싶으면 서서히 진하게 해서 겹쳐 칠하면 실패할 확률이 낮아진다.

데칼을 붙이고 리퀴텍스 퍼머넌트 매트 바니쉬로 코팅한 뒤, 데칼 부분에도 가볍게 오염 표현을 넣었다.

이것으로 완성!

왼쪽은 도색 예시(B), 분사 도색풍 그러데이션을 재현. 복수의 색을 섞어서 그러데이션을 표현했다.

오른쪽은 도색 예시(C)로 찍기 표현을 재현. 실제 기체도 붓이나 천으로 도료를 찍어 바르는 방법을 사용했다.

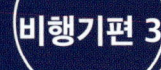

비행기편 3

은색 도색으로 금속 질감을 재현

하세가와 1/72 P-51D 머스탱

■ 하세가와 1/72 P-51D 머스탱(품번 D25)
■ 가격 1,200엔
Hasegawa 1/72 P-51D Mustang

의외일지도 모르지만, 2차 대전 당시 무도색 처리된 기체 표면의 금속 질감을 재현하는 데는 에어브러시보다 붓 도색이 더 좋다. 실제 기체 소재 표면의 줄무늬를 붓으로 그은 자국으로 표현할 수 있기 때문이다. 통상적인 수성 아크릴 도색과 달리, 여기서는 붓 자국을 내는 것이 중요해진다. 수성 도료로 플라스틱의 질감이 달라지는 놀라움을 체험해보자.

◆ 키트에 대하여

하세가와를 비롯하여 타미야를 제외한 일본의 모형 메이커 대다수는, 제품 설명서에 GSI 크레오스의 Mr.컬러와 수성 하비 컬러를 기준으로 지정 색상을 기재하고 있습니다. 인터넷 등에서 검색하면 타미야 아크릴과 비슷한 색의 대조표도 찾을 수 있지만, 인터넷이나 잡지 등의 작례를 보면서 직접 비슷한 색을 찾아보는 것도 좋습니다. 또한 수성 하비 컬러도 성분이 분리된 상태에서 위에 뜬 클리어 성분을 버리면, 타미야 아크릴처럼 물로 희석해서 도색할 수 있습니다. 또한 Mr. 컬러는 래커계 도료(신너계 아크릴 수지 도료)이기 때문에 물과 섞이지 않으니, 물로 희석해서 사용할 수 없습니다.

주익 윗면. 금속 표면의 줄무늬는 붓 도색이기에 가능한 표현이다.

금속 표면의 도색

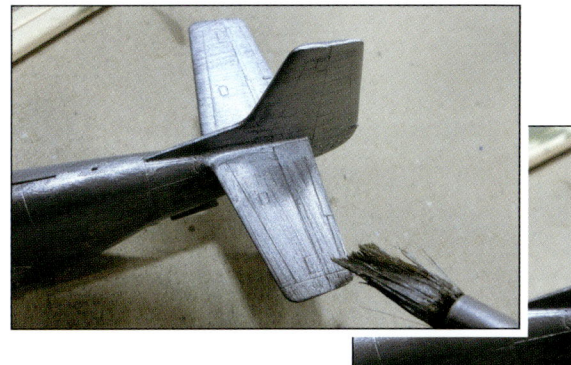

콕피트 등을 먼저 칠하고 조립한 기체. 물을 30% 정도 섞은 X-11 크롬 실버를 붓질하는 방향에 맞춰서 가로, 세로, 가로로 세 번 칠해서, 줄무늬가 살아 있는 은색 도막을 만든다.

패널에 따른 질감 차이를 표현하기 위해, 살짝 마스킹을 하고 X-11 크롬 실버에 XF-56 메탈릭 그레이와 XF-16 플랫 알루미늄, XF-2 플랫 화이트를 조금씩 조합한 도료를 물로 2배 정도 희석해서 덧칠해준다.

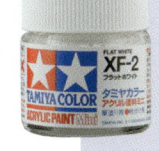

P-51D의 캐노피 프레임은 단순한 편이기에, 프리핸드로 칠하기로 했다. 먼저 XF-1 플랫 블랙을 칠하고, X-11 크롬 실버를 덧칠한다.

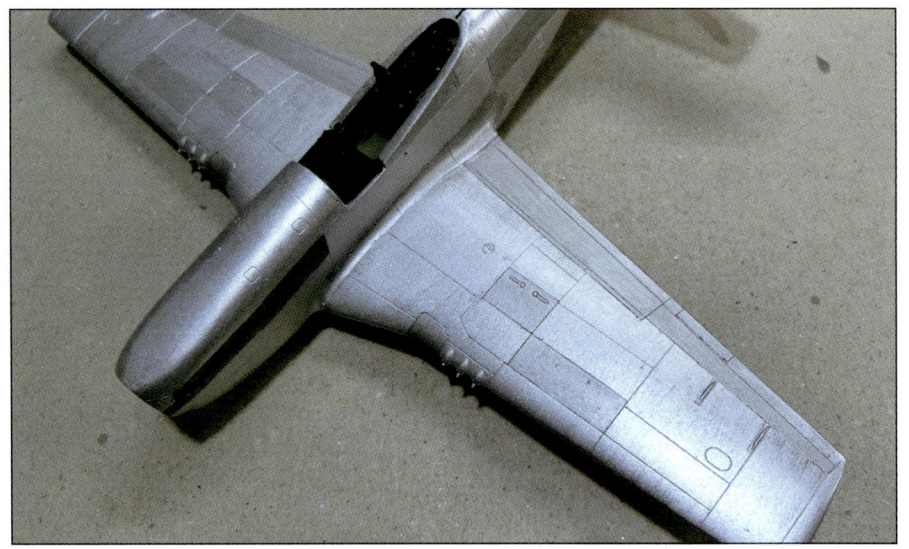

패널마다 조금씩 다른 질감으로 표현되었다. 모든 패널을 바꿔줄 필요는 없다. 차이가 너무 심하거나 경계선을 넘어버린 경우에는, X-11 크롬 실버를 물로 옅게 희석한 것을 칠해서 조정하도록 하자.

기수의 눈부심 방지색(Anti glare black)을 칠한다. XF-62 올리브 드랩으로 칠한 위에 물로 5배 정도 희석한 XF-49 카키를 얇게 덧칠하여 퇴색층을 표현해주었다.

기수와 방향타의 빨간 부분은 데칼이 들어 있지만, 붙이기 힘들 것 같은 곡면이고 어차피 스피너를 도색해야 하니까, 질감을 맞추기 위해서 전부 도색하기로 했다. 데칼을 투명한 서류 폴더에 넣고, 그 위에 붙인 마스킹 테이프를 잘라서 기수에 마스킹을 해준다.

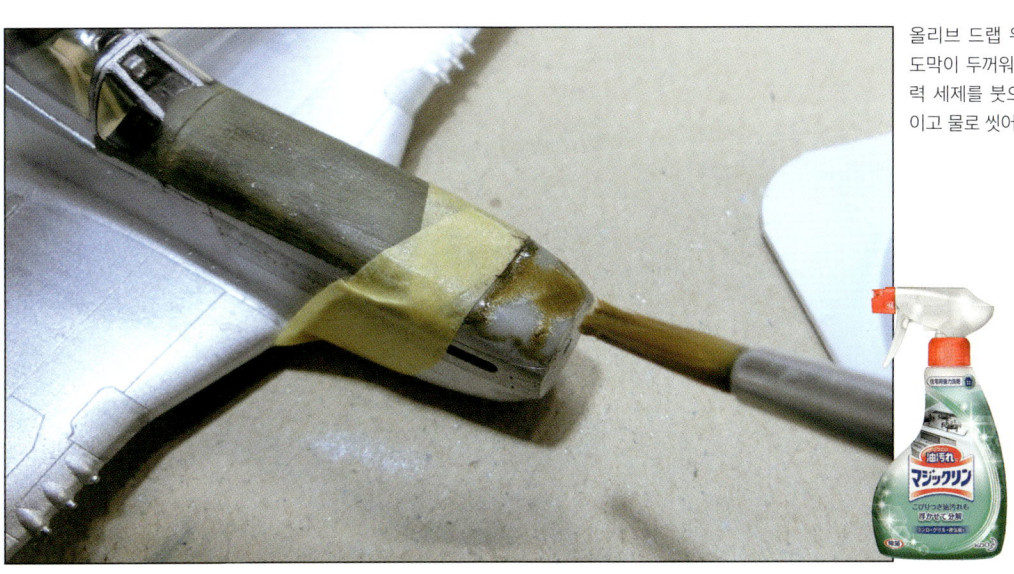

올리브 드랩 위에 빨간색을 칠하면 도막이 두꺼워질 것 같아, 가정용 강력 세제를 붓으로 칠해 도색층을 녹이고 물로 씻어줬다.

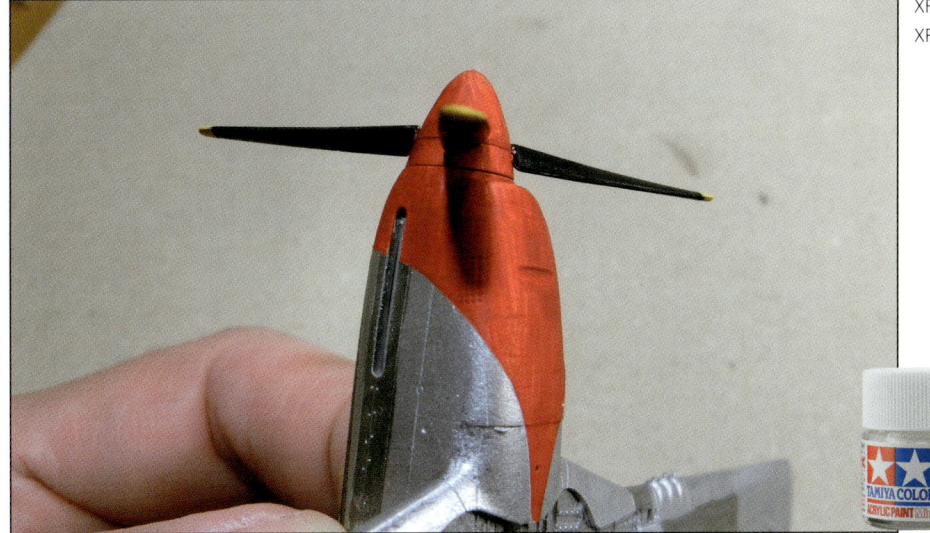

XF-2 플랫 화이트로 밑색을 잡고, XF-7 플랫 레드를 도색.

데칼을 붙인 뒤에 리퀴텍스의 수성 광택 니스, 글로스 바니쉬로 코팅. 유화물감 번트 앰버와 블루 블랙을 오더리스 페트롤로 희석하여 웨더링. 배기와 엔진 오일 외에는 아주 가볍게 했다. 무광으로 도색한 기체와 달리, 금속 표면이 그대로 드러난 기체나 유광 도색 기체는 상대적으로 오염이 덜 남기 때문이다.

데칼과 클리어 코트

습식 데칼을 붙일 때 중요한 것은, 모형 표면과 데칼 사이에 데칼 연화제를 확실하게 발라두는 것입니다. 위치를 정하는 게 어렵지 않을 것 같으면, 연화제를 미리 바른 뒤에 데칼을 붙이면 확실하게 밀착됩니다. 하지만 경험이 적고 자신이 없거나, 데칼이 가늘고 길어서 위치를 잡는 데 시간이 걸릴 것 같은 경우에는, 사이에 물을 잘 머금게 하고, 나중에 그 물에 연화제가 녹아들게 해줍니다.

아무튼 물을 활용하세요. 면봉으로 필사적으로 눌러서 데칼 아래의 수분을 빼버리면, 액제가 침투되지 않아서 데칼이 떠버리고, 투명한 부분에 공기가 들어가서 번쩍거리는 '실버링'이라는 현상이 발생하게 됩니다. 그럴 경우에는 밑에 있는 색으로 칠해서 가려줘야 합니다.

데칼 붙이기

각종 데칼 연화제. GSI 크레오스 Mr. 마크 세터는 순하고 수성 풀이 들어 있는 사전 도포 전용 연화제. 오래되어 접착력이 약해진 데칼에 큰 도움이 된다. 같은 회사의 Mr. 마크 소프터나 타미야 마크 핏은 사전과 사후 어느 쪽이건 쓸 수 있다. 사전 도포의 경우에는 물로 희석하면 효과가 약해져서 작업하기 편하다.

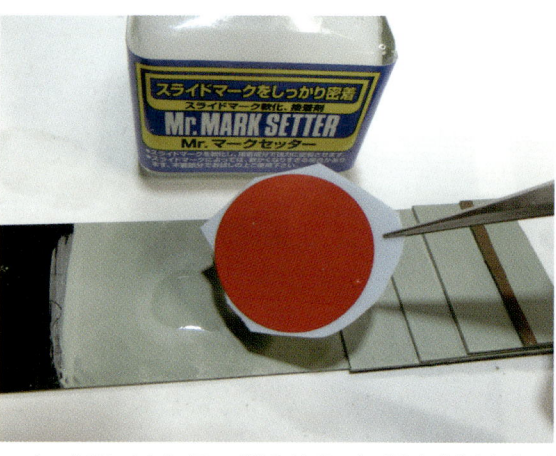

Mr.마크 세터를 사전에 바르고 데칼을 붙이는 예. 데칼이 연화제에 반응해서 주름지는 경우도 있지만, 마르면 펴지니까 그냥 두자.

이쪽은 데칼을 붙인 뒤에 연화제를 발랐다. 몇 분 놔두고 주위의 풀이 조금 말랐을 때, 테두리 위주로 부어주듯 바르면서 연화제가 수분에 침투하게 한다.

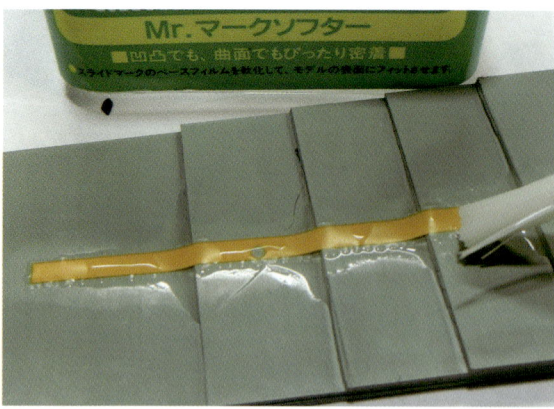

요철이 심한 곳이라도, 물을 충분히 바르고 공기가 들어가지 않게 한 뒤에 연화제를 충분히 발라주면 완전히 밀착된다. 요철이나 곡면이 극단적인 경우에는, 데칼을 더운 물에 적신 면봉으로 누르고 조금씩 펴가며 붙여주자.

클리어 코트

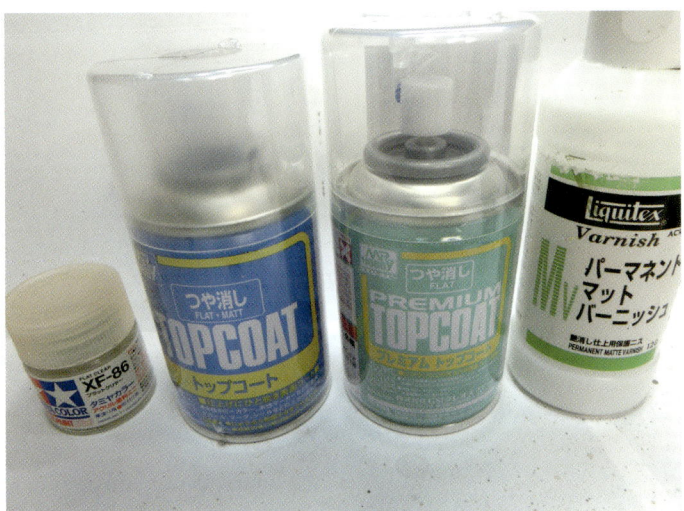

무광 클리어 코트의 예. 데칼을 연화제로 녹이면 광택이 생긴다. 대부분의 병기는 표면이 무광이기 때문에, 코팅해서 광택을 맞춰준다. 또한 데칼의 단차가 눈에 띄지 않게 하는 효과도 있다. 코팅으로 단차가 사라지지 않으면 사포 등으로 깎아준 뒤에 다시 한 번 코팅해서 질감을 맞춰준다.

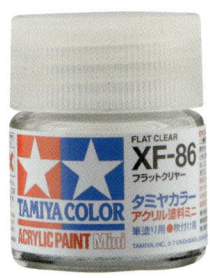

타미야 아크릴 XF-86 플랫 클리어는 본체 도색과 마찬가지로 30% 정도 물을 섞어서 가볍게 칠해준다. 자꾸 건드리면 밑에 칠한 색을 녹여버리니, 한번 칠한 곳은 건드리지 말고 건조시킨다. 데칼 부위와 같은 면을 전부 칠하면 코팅 부분과의 광택 차이 때문에 신경 쓸 필요가 없어진다.

수성 탑 코트는 일반적이지만, 캔 스프레이다 보니 넓은 범위로 뿌리게 되는데다 데칼의 단차를 메우는 능력이 붓 도색보다 떨어지기 때문에 개인적으로는 그다지 추천하지 않는다.

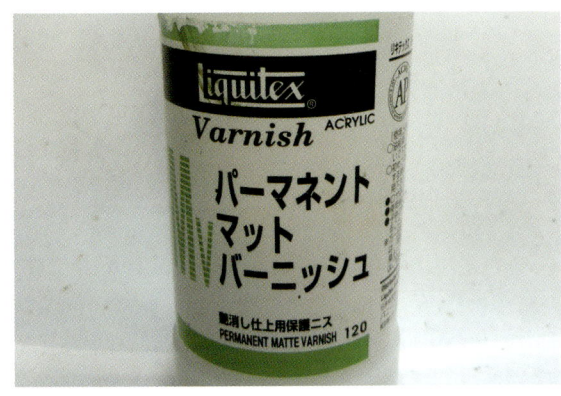

가장 추천하는 리퀴텍스 퍼머넌트 매트 바니쉬. 완전 수성이라서 밑색을 녹이지 않는 데다 상당히 강한 무광이며, 드라이어 등으로 건조시키면 바로 물사포질이 가능. 가격이 비싼(1,000엔 정도) 것이 문제지만, 한 병 사면 몇 년은 쓴다. 화방이나 대형 수예점 등에서 살 수 있다.

클리어 도료로 코팅한 뒤로도 단차가 눈에 띈다면, 800~1000번 정도의 사포나 스펀지 사포로 살짝 물사포질. 밑색이 사포에 묻으면 바로 작업을 중지하고 다시 코팅해준다.

VESSELS

제 3 장
함선을 칠하자!

프라모델 중에서 특히 어렵고 그래서 만드는 보람이 있는 장르가 함선 모형이다. 태평양전쟁 중의 구 일본 해군의 군함을 중심으로 다채로운 아이템이 발매되어, 많은 팬들을 매료시키고 있다. 함선 모형은 조립과 도색을 병행해서 진행할 필요가 있어서, 빨리 마르고 도막이 얇은 수성 아크릴 붓 도색의 위력을 유감없이 발휘할 수 있다.

함선편 1

붓 도색 함선 제작의 기초

하세가와 1/450 구 일본 해군 전함 야마토

■ 하세가와 1/450 일본 해군 전함 야마토 (품번 Z01)
■ 가격 4,500엔
Hasegawa 1/450 IJN Battleship Yamato

제로센과 함께 유명한 존재인 전함 '야마토'. 동형함 '무사시'와 함께 세계 최대의 전함으로, 지금까지 많은 프라모델이 발매되었다. 하세가와의 1/450 키트는 만드는 보람이 있는 크기에 조립하기 쉬운 구성이라서 함선 모형 입문용으로 좋다.

◆ 키트에 대해

함선 모형은 부품이 많고 작은 것이 특징이라 기본적으로는 초보자에게 적합하지 않습니다. 하지만 2013년에 발매된 하세가와 1/450 야마토는 스케일이 크다 보니 부품이 지나치게 작거나 하지 않고, 적절히 생략된 부분 덕분에 조립하기도 쉬우며, 완성했을 때의 전장이 약 59cm나 돼서, 큰 전함의 박력을 즐길 수 있는 좋은 키트입니다. 시리즈 중에는 동형함이자 항공모함으로 개장된 '일본 해군 항공모함 시나노'도 키트로 발매되었습니다.

이번 작례에서는 디테일 업은 전혀 없이 스트레이트 조립과 도색만으로 거대 구조물의 존재감을 표현해봤습니다.

하세가와에서는 야마토형 전함을 항공모함으로 개장한 '일본 해군 항공모함 시나노'(품번 Z03, 가격 5,600엔)도 발매 중.

조립 시 주의할 점

선체(부품 A1, A2), 7의 전방 함교 (C38, C39), 공정⑩의 연돌(굴뚝) (E27, E28), 공정⑫의 후방 함교(C33, 34)는 접착한 부분의 접합선을 수정할 필요가 있으니, 먼저 접착해서 건조시킨다.

연돌 끝부분을 먼저 XF-1 플랫 블랙으로 칠해줬다. 요철이 많아서 보통 마스킹 테이프로는 밀착이 곤란해서, 굿스마일 레이싱의 점착 알루미늄 포일 '크롬 마스터'로 마스킹했다.

상부 갑판(부품 B1)을 접착하기 전에 후부 갑판(부품 C1) 안쪽을 XF-53 뉴트럴 그레이로 칠해줬다.

작업할 때 손으로 잡기 위해서, 선체를 스탠드에 단단히 접착하고 볼트로 고정. 그 스탠드도 목제 받침판에 확실히 고정한 다음, 마스킹 테이프를 붙이고 주방용 랩을 단단히 두르는 마스킹을 해두었다.

선체의 흘수선 아래쪽에 함저색인 XF-9 헐 레드를 2겹으로 바른다.

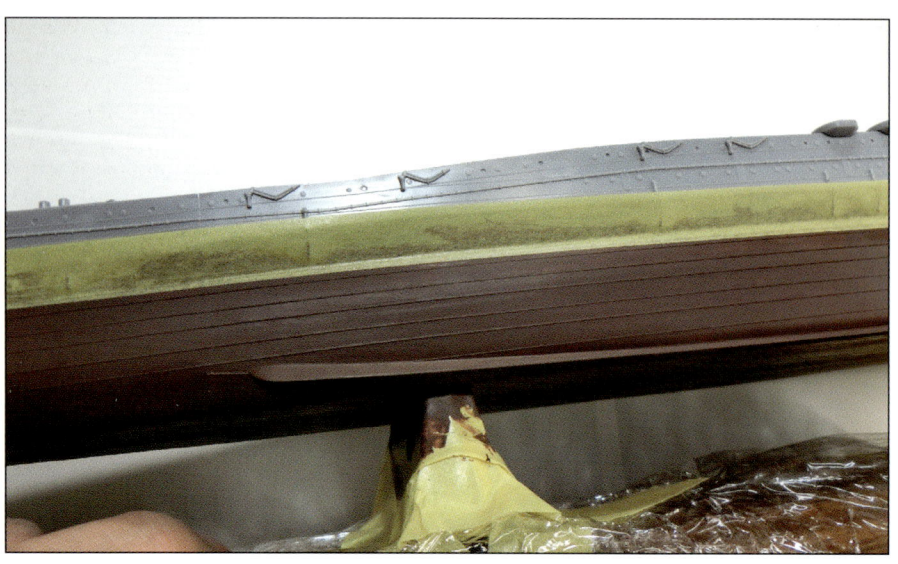

항상 해수에 잠겨 있는 부분의 퇴색을 표현하기 위해, 흘수선 조금 아래쪽에서 마스킹. 간단히 완성하고 싶다면 이 과정은 필요 없다.

퇴색된 함저색은 XF-9 헐 레드 : XF-2 플랫 화이트 : XF-7 플랫 레드 = 1 : 1 : 1로 조합하고 물로 2배 정도로 희석해서, 털이 벌어진 붓으로 위아래로 문질러주듯이 칠했다.

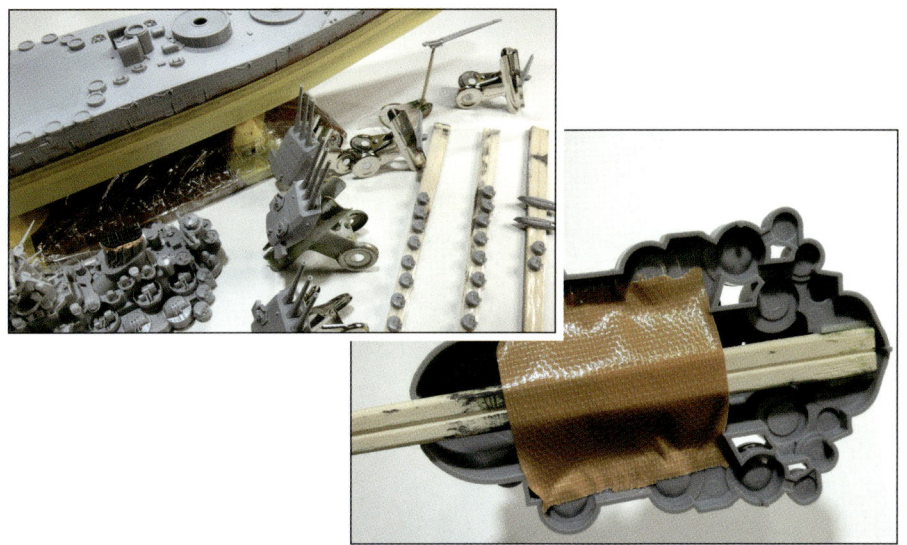

회색 부분의 도색 준비. 작은 부품은 양면테이프로 나무젓가락에 붙이고, 함교 부분은 뒤쪽에 덕 테이프와 나무젓가락을 이용해서 손잡이를 만들어줬다.

평소 같으면 XF-75 구레 해군 공창 그레이(구 일본 해군)를 사용하겠지만, 웨더링을 한다는 전제로 같은 계열에서 약간 밝은 색인 XF-53 뉴트럴 그레이를 선택했다. 굵은 붓으로 슥슥 칠해주고, 좁은 곳은 가느다란 붓으로 보완해주자.

현측(선체 옆쪽)도 XF-53 뉴트럴 그레이로 도색. 또한 바닷물에 회색 도료가 열화된 모습을 표현하기 위해, XF-66 라이트 그레이를 물로 10배 정도로 희석해서 상하 방향으로 문질러줬다. 간단히 완성하고 싶을 때는 생략해도 된다.

목갑판에는 일단 XF-55 덱 탄을 칠하고, 그 뒤에 쇠로 된 부분은 XF-53 뉴트럴 그레이로 리터치. 무리해서 마스킹하는 것보다는 수성 아크릴 붓칠과 리터치를 반복하는 편이 빠르다.

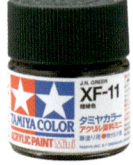

함재기의 도색은 1/48 제로센을 응용. 밑색으로 X-11 크롬 실버를 칠한 뒤에 XF-11 암녹색을 물로 50% 정도로 희석한 것을 얇게 얹어주고, 마른 뒤에 사포로 살짝 문질러서 벗겨진 모습을 표현. 마킹은 키트의 씰을 그대로 사용했고, 퍼머넌트 매트 바니쉬로 코팅.

함교와 현측의 창문은 X-1 블랙으로 칠했는데, 웨더링이 끝난 뒤에 같은 색의 에나멜을 흘려 넣는 쪽이 간단했을지도.

이번 작례에서는 GSI 크레오스의 Mr.웨더링 컬러를 사용. WC09 셰이드 블루와 WC03 스테인 브라운의 침전물을 팔레트에 옮기고, 전용 희석액으로 녹여서 섞어줬다. 특유의 탁한 회색이 된다.

잘 섞은 Mr.웨더링 컬러를 붓으로 찍어서 일단 전체에 오염 표현 층을 입혀준다.

함교 주변은 요철이 많으니, 가느다란 붓을 사용해서 안쪽부터 확실하게 처리해주자.

랜덤한 기름얼룩을 연출할 때는, 도료를 머금은 붓을 손가락으로 튕겨주면 좋다.

닻사슬 등등, 확실하게 녹이 발생하는 부분에는 WC08 러스트 오렌지로 악센트를 준다.

함교 주변과 포탑 등의 웨더링이 너무 과한 것 같아, 물론 10배 정도로 희석한 XF-53 뉴트럴 그레이를 붓에 아주 조금만 묻히고 위아래로 문질러서 리커버. 상태를 보고 부족하면 농도를 높여서 다시 반복.

■ 이것으로 완성!

함교 주변. 선체색은 XF-53 뉴트럴 그레이에 XF-66 라이트 그레이로 깊이를 줬다.

함수 부분의 주포탑은 선회가 가능. 목갑판은 XF-55 덱 탄을 칠한 뒤에 선체색으로 리터치.

함 중앙 우현측. 흘수선 아래 부분도 밝게 조색한 함저색으로 퇴색을 표현했다.

함미의 항공기 작업 갑판. 함재기도 꼼꼼하게 칠해주면 전체적인 인상이 좋아진다.

함선편 2

에칭 부품 공작과 붓 도색

후지미 치비마루 함대 아카기

■후지미 치비마루 함대 4 아카기(품번 421681)
■가격 1,800엔
Fujimi Chibi-Maru Fleet 4: Akagi

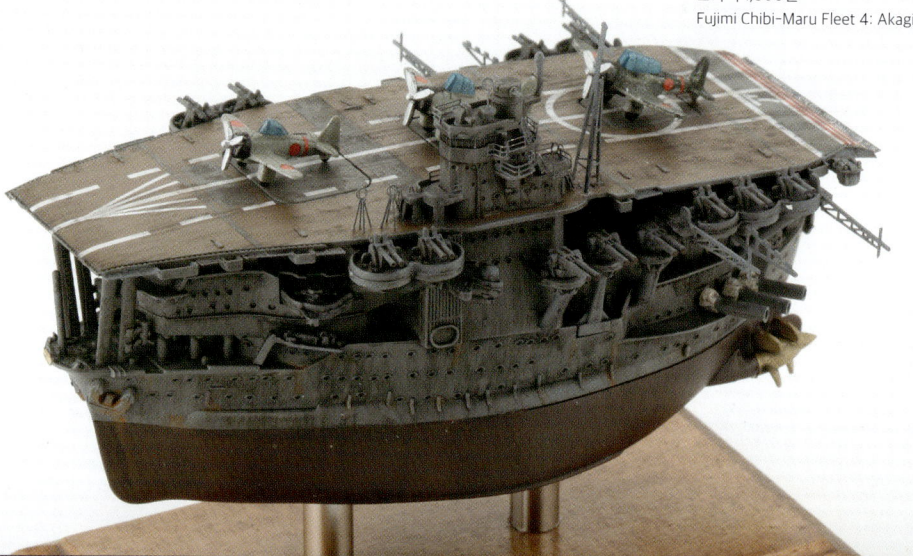

얇은 금속판을 산으로 부식 가공한 에칭 부품은, 전차나 비행기 등의 각 장르의 키트에 맞춰서 발매되고 있는데, 특히 인연이 깊은 것이라면, 역시 함선 모형. 플라스틱 부품으로는 한계가 있는 부분도, 높은 정밀도로 세밀하게 표현할 수 있다. 여기서는 플라스틱과 근본적으로 다른 에칭 부품 다루는 법을 중심으로 설명하고자 한다.

◆ 키트에 대하여

주로 에칭 부품 다루는 방법을 설명하기 위해, 후지미의 치비마루 함대 아카기를 만들었습니다. 이 키트는 접착제가 필요 없는 스냅온 키트라고 하지만, 아쉽게도 부품이 잘 맞춰지지 않아서 결합용 핀을 가늘게 깎아주거나 잘라주고, 결합 구멍을 넓혀서 접착해줄 필요가 있기 때문에, 접착제 없이 조립하는 것은 거의 불가능합니다. 또한 전용 에칭 부품도 편의성이 부족해서 초보자에게는 굳이 추천하지 않지만, 데포르메의 센스가 재미있는 키트이니 큰마음 먹고 도전해보시길.

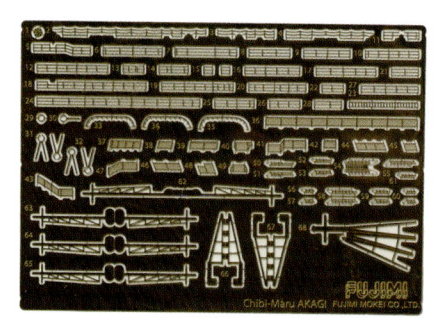
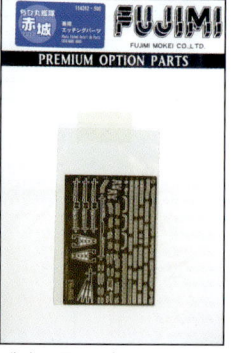

이번에 사용한 에칭 부품은 후지미 '치비마루 함대 아카기 전용 에칭 부품'(품번 114262, 가격 500엔).

후지미에서는 붙이기만 해도 리얼한 목갑판을 재현할 수 있는 '치비마루 함대 아카기 전용 목갑판 씰'(품번 114279, 가격 900엔)도 발매 중이다.

조립과 도색

에칭 부품 표면에는 녹슬지 않도록 기름을 칠해놓기 때문에, 사전에 씻어줘야 한다. 키트 본체도 조금 기름기가 있어 보여서 한꺼번에 가정용 강력 세제에 담근 뒤에 물로 헹궈줬다.

이 키트의 스냅 부분은 전체적으로 너무 빡빡하다. 핀이 두 개 이상 있으면, 안쪽을 니퍼로 비스듬하게 잘라주자. 이렇게 하면 위치가 어긋나지 않는다.

에칭 부품의 사전 준비. 안테나 등의 몇 가지 부품은 도색하기 전에 일부를 잘라내고 구부려서 접착해야 한다. 에칭 부품을 커팅 매트 위에서 자르면 내려앉으면서 찌그러지기 때문에, 타일을 밑에 깔아주자. 잘라낼 때는 아트 나이프나 모델러즈 나이프를 쓰는데, 날이 금방 무뎌지니 자주 교환해줄 것.

에칭 부품 도색

에칭을 구부릴 때는 황동 블록이나 세울 때 사용할 블레이드, 정밀 펜치가 있으면 편하다.

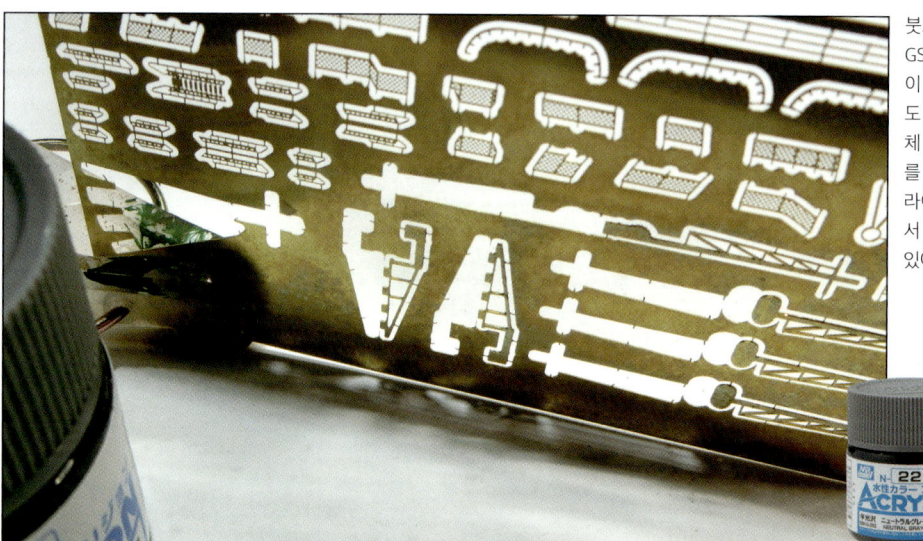

붓으로 에칭 부품에 밑칠을 할 때는, GSI 크레오스의 수성 도료 '아크리존'이 좋다. 도막에 탄력이 있어서 긁어도 잘 벗겨지지 않는다. 여기서는 본체 색에 가까운 N22 뉴트럴 그레이를 원액 그대로 칠했다. 금속 전용 프라이머도 여러 종류가 있지만, 투명해서 잘 안 보이거나 냄새가 심한 것도 있어서, 붓 도색에서는 쓰기 힘들다.

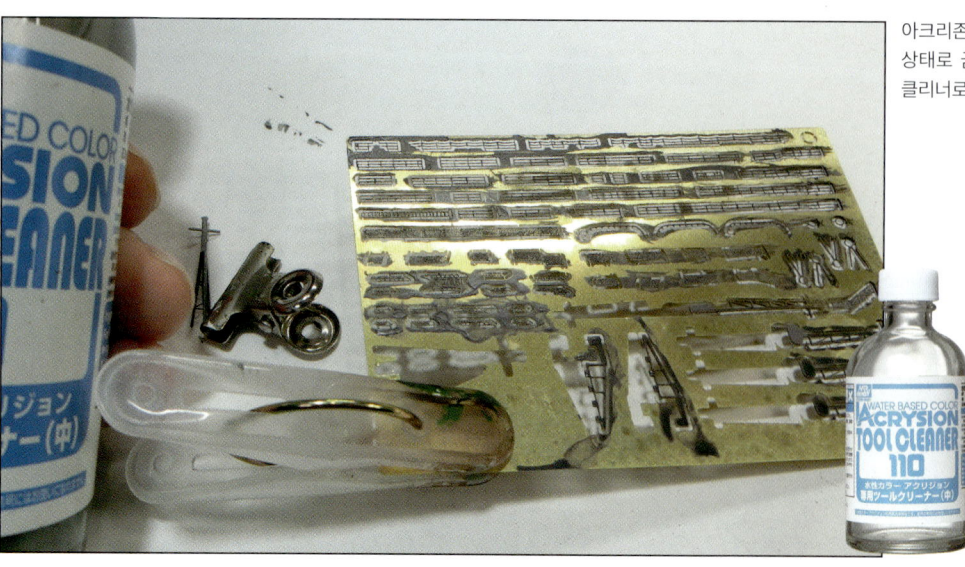

아크리존이 두꺼워지거나 막이 퍼진 상태로 굳어버렸을 때에는, 전용 툴 클리너로 녹여서 조정한다.

에칭의 작은 부분에 막이 생겼더라도, 마르기 전이라면 PC 청소용 에어 스프레이도 유효. 캔에 든 가스를 뿌려서 막을 날린다.

당시의 사진을 조사해보니 갑판의 색이 상당히 어두워 보여서, XF-52 플랫 어스를 칠했다. 간단히 마스킹하고 갑판 위의 금속 부분에 XF-53 뉴트럴 그레이를 칠했다.

선체 윗부분과 에칭 부품도 XF-53 뉴트럴 그레이에 물을 30% 정도 넣어 붓으로 도색.

에칭 부품 붙이기

에칭 부품을 접착하기 전에 본체에 웨더링을 해두자. 이번에는 유화물감 번트 앰버와 블루 블랙을 오더리스 페트롤로 녹여서 워싱을 했다. 일단 용제를 휘발시킨 뒤에 마른 붓으로 위 아래로 문질러서 땟자국을 만든다. 두껍게 칠한 유화물감은 용제가 휘발되고 물감 자체가 굳을 때까지 시간 여유가 있어서 이런 테크닉이 가능하다.

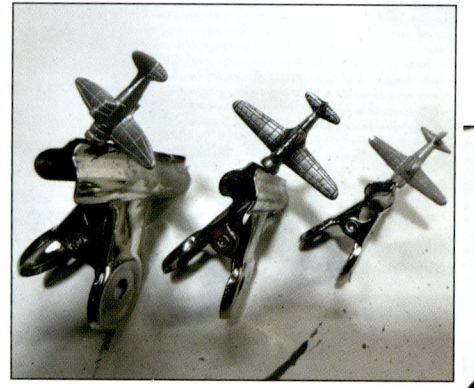

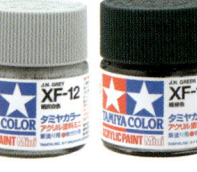

함재기는 총 9대가 들었는데, 이번엔 3대만 사용. 도색은 1/48 제로센을 응용해서 먼저 X-11 크롬 실버를 칠하고, 본체색인 XF-12 밝은 회백색과 XF-11 암녹색을 얹어주고, 사포로 살짝 긁어서 벗겨짐 표현을 해준다.

갑판과 함재기에 데칼을 붙인다. 갑판에는 데칼을 여러 겹 붙여야 하는데, 시간 여유가 있으면 한 장씩 말려서 정착시킨 뒤에 다음 층을 붙이면 실패할 확률이 낮아진다. 또한 위치를 잡는 데 시간이 걸리니, 연화제는 데칼의 위치를 정하고 물이 마르기 전에 바르는 게 안전하다. 데칼 다루는 방법은 72, 73페이지의 칼럼을 참조.

스냅핏으로 만들려고 한 탓인지 함재기의 스피너와 프로펠러 축이 거대해져서, 실제 기체의 이미지와 많이 달라졌다. 프로펠러의 블레이드를 잘라서 직접 기체에 접착해주면 훨씬 그럴듯하게 보인다.

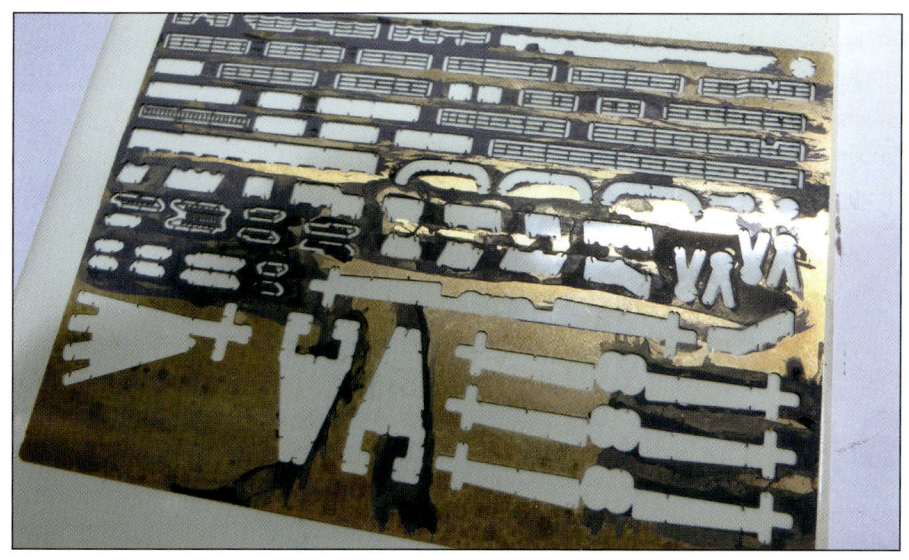

에칭 부품 사용은 사용자의 권리일 뿐, 의무는 아니다. 이번에는 시간은 오래 걸리는데 눈에 띄지 않는 선체 난간은 생략하고, 함교와 안테나 부품만 사용했다.

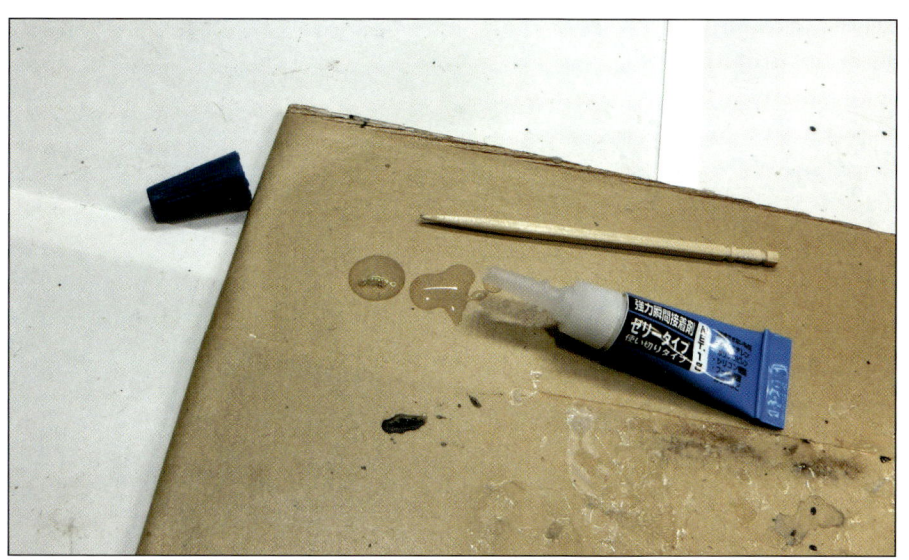

에칭 부품을 접착할 때는 젤리 타입 순간접착제를 사용한다. 튜브에서 직접 짜면 컨트롤하기 힘드니, 일단 팔레트에 짜놓고 이쑤시개로 바르거나 부품을 직접 찍어서 묻히자.

필요에 따라 구부린 에칭 부품에 순간접착제를 바르고, 선체에 대고서 타미야 경화 촉진제(순간접착제용)로 굳혀준다. 안쪽에 들어가서 작업하기 힘든 부품부터 순서대로 접착하고, 마지막에 바깥쪽의 큰 부품을 붙인다.

에칭을 잘라낼 때 도막이 벗겨진 부분이나 하얗게 뜬 부분, 번들거리는 순간접착제를 XF-53 뉴트럴 그레이로 리터치. 유화물감 웨더링이 너무 과한 곳도 밝게 조절해주자.

갑판 위의 데칼에 유화물감 웨더링을 추가해서 전체적인 균형을 정리.

이것으로 완성!

에칭 부품은 필요한 곳에만 사용. 그렇게 해도 효과는 충분히 발휘된다.

함교 주변, 무선 마스트 등에 에칭 부품을 사용. 키트의 멋이 한층 더 살아난다.

타미야 아크릴 이외의 수성 도료

타미야를 제외한 일본의 대다수 프라모델 메이커에서는, 일반적으로 GSI 크레오스의 도료로 색을 지정한다. 하지만 지정색은 어디까지나 제조사의 해석이자 기준일 뿐이니, 완전히 같은 색으로 칠할 필요는 없다. 인터넷에서 GSI 크레오스/타미야 대응표를 찾아보거나, 자신의 감각으로 색을 골라서 자유롭게 도색을 즐겨보자.

수성 하비 컬러

GSI 크레오스에서 발매하는 수성 아크릴계 도료. 물로 희석하고 붓을 씻을 수 있으며, 도료에 포함된 용제도 순하고 안전하다. 도막이 매끄러워서 유광 색의 완성도가 상당히 양호한 특성이 있다.
이 도료의 성질은 타미야 아크릴과 거의 같다. 하지만 정착제(클리어 성분)가 약간 많아서, 그대로 수성 아크릴로 사용하면 번들거리기 쉽다. 며칠 동안 가만히 둬서 성분이 분리됐을 때 클리어 성분을 버리면 번들거리지 않고, 물에 녹여서 칠해도 문제가 없다.

수성 하비 컬러 H32
다크 그레이(필드 그레이1).

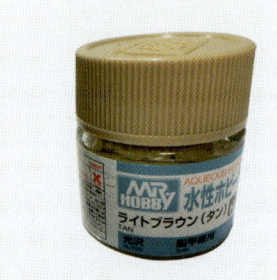
수성 하비 컬러 H27
라이트 브라운 (탄).

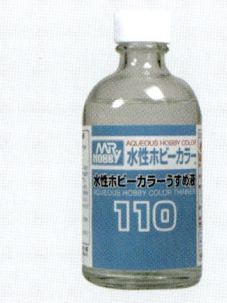
수성 하비 컬러 희석액.

수성 컬러 아크리존

GSI 크레오스에서 새로운 라인업으로 출시된, 신세대 에멀전계 수성 도료. 기존 수성 도료에서 문제가 됐던 느린 건조 시간과 약한 도막, 유기 용제의 냄새 문제를 해결했다.
기존의 어떤 도료와도 다른 수성 도료. 마른 뒤의 도막에 탄력이 있는 것이 특징이어서, 에칭 부품 등에 바르는 메탈 프라이머로서도 우수한데, 메인 수성 아크릴로 삼기에는 딱히 다른 메리트가 없다. Mr.컬러나 에나멜 도료 위에도 칠할 수 있지만, 타미야 아크릴이나 수성 하비 컬러 위에 바르면 갈라진다. 또한 변질되기 쉽고, 한 번 개봉하면 장기간 보관하기가 힘들다.

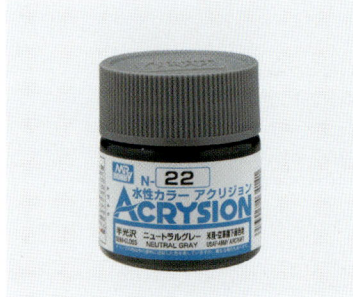
아크리존 N22
뉴트럴 그레이.

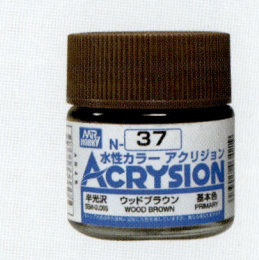
아크리존 N37
우드 브라운.

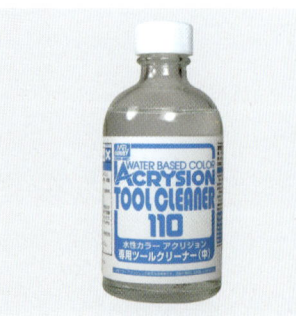
아크리존 전용
툴 클리너 (중).

바예호 컬러

스페인의 제조사가 개발, 제조. 유럽 모델러들의 표준으로 폭넓게 사용되는 수성 아크릴 컬러. 주요 성분의 60%가 물과 같은 성분이고 신너 냄새가 나지 않으며, 마르기 전에는 물로 희석, 세척이 가능하다. 완전히 마르기 전에는 물이나 소량의 알코올로 바로 지울 수 있다. 일반 모델용 '바예호 모델 컬러', 미니어처 게임 모델용 '게임 컬러/게임 잉크', 제2차 세계대전 전투차량용 '판저 에이스', 에어브러시용 '모델 에어' 등의 시리즈로 구분되며, 약 400종이 넘는 상당히 다양한 색을 갖추고 있다.

미술용 아크릴 과슈를 리퀴텍스 페인팅 미디엄으로 녹인 상태에 가까운 도료. 붓으로 매끄럽게 칠해지고 상당히 우수하지만 넓은 면적에는 사용하기 어려우며, 가격이 약간 비싸고 입수하기 힘든 것이 흠이다.

모델 컬러 70794 그린 스카이.

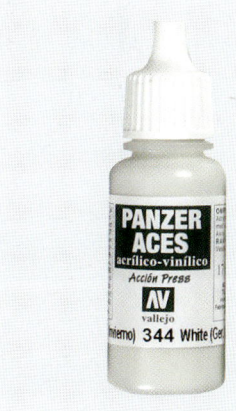

판저 에이스 70344
독일군 동계 위장 전차병 컬러.

에어브러시 도색이나 도구 세척에 사용하는
에어브러시 클리너.

시타델 컬러

영국의 게임즈 워크숍사의 모델링 툴 '시타델' 브랜드에서 발매되는 아크릴계 도료. 동사의 판타지 계열 워게임에서 사용하는 미니어처 모델의 컬러링을 위한 도료. 붓 도색용이 중심이지만, 에어브러시에서도 사용할 수 있는 '시타델 컬러 에어 페인트' 시리즈도 있다. 일본의 경우, 게임즈 워크숍 일본지사에서 취급한다.

수성이라 잘 칠해지고 발색도 좋은, 상당히 우수한 붓 도색용 도료.

단지 일본에서는 가격이 비싸고 입수하기 힘들며, 색 조합과 이름을 시타델의 독자적인 시스템에 따라서 만들었기 때문에 스케일 모델용 컬러가 없어서, 원하는 색을 직접 찾아내거나 조색해야 한다는 점을 감수할 필요가 있다.

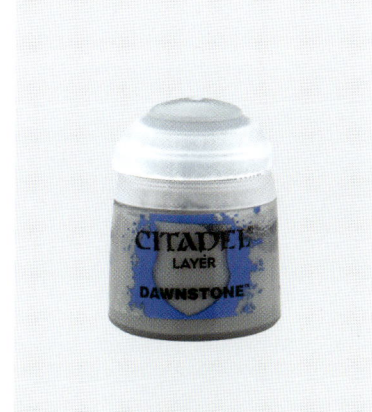

시타델 컬러 레이어
던 스톤.

시타델 컬러 레이어
스퀴그 오렌지.

플라스틱 병과 뚜껑이 일체형.
뚜껑을 열면 바로 칠할 수 있다.

AK HOBBY BOOK 시리즈

모델링 입문 강좌 시리즈 - 기초부터 중·상급자까지!

건프라 좋아요
맥스 와타나베 외 1인 | 조상은·양슬기 옮김 | 210×297mm | 128쪽 | 14,800원

초보자를 위한 건담 모형 제작 가이드!
일본의 유명 프라모델 전문잡지 〈월간 하비재팬〉에서 2000년부터 연재된 코너 〈여성이지만 프라모델을 만들고 싶다!〉의 2년여 분량을 한 권에 담은 건담 프라모델 입문서. 초보자의 입장과 눈높이에 맞춘 가이드라인 제시.

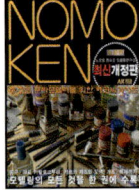
노모켄 중·고급 프라모델러를 위한 테크닉가이드 [최신개정판]
노모토 켄이치 지음 | 이은수 옮김 | 210×257mm | 208쪽 | 25,000원

공구·재료 카탈로그부터 제조, 도색, 개조, 복제까지!
중고급 프라모델러를 위한 테크닉 가이드의 최신 개정판. 재료 소개부터, 프라모델의 조립, 개조법, 처음부터 만들어 나가기 위한 조형적인 기법, 마감과 도장, 그리고 복제까지 망라하여 사진과 함께 해설한다.

노모켄 2 프라모델을 만들자
노모토 켄이치 지음 | 이창협 옮김 | 210×257mm | 112쪽 | 18,500원

오토·에어로·AFV 모델… 테마별로 접근하는 실용 설명서!
『노모켄(NOMOKEN)』 제2권 '프라모델을 만들자'. 모형 제작에 필요한 모형공구, 재료에 대한 용도와 활용방법 등을 사진과 함께 자세하게 소개한다. 조립 및 개조 등을 순차적으로 소개하면서 방법 하나하나에 대한 사진을 실어 독자들이 쉽게 따라할 수 있게 안내한다.

노모켄 건프라 입문편
노모토 켄이치 지음 | 김정규 옮김 | 210×257mm | 98쪽 | 12,000원

건프라 제작과 관련된 노하우를 집중 전수!
건담 프라모델 제작의 기초부터 완성 단계까지 조립에서 도색에 이르는 각각의 단계에 따라 상세한 설명과 다양한 사진 자료를 통해 소개하였다. 건프라 제작은 뭔가 어려워 보인다거나, 어떤 도구를 갖춰야 할지 몰라 망설이고 있는 독자들을 위한 안내서.

노모켄 3 건프라 완전 공략 가이드
노모토 켄이치 지음 | 김정규 옮김 | 210×257mm | 162쪽 | 21,800원

건담 프로모델러 노모토 켄이치가 가진 테크닉의 정수!
기존의 건프라 조립에서 한발 더 나아가 자신만의 스타일로 연출할 수 있는 모든 테크닉이 총망라되어있다. 작업에 쓰이는 도구 설명부터 붓터치, 에어브러시 사용법, 키트 개조 방법, 웨더링, 전시와 보관 방법까지, 궁금할 법한 모든 경우를 가정해서 매우 자세하고 친절하게 설명한다.

프라모델 에어브러시 테크닉 가이드
카와노 요시유키 지음 | 이창협 옮김 | 180×230mm | 120쪽 | 17,800원

에어브러시 테크닉 하나부터 열까지.
에어브러시의 가장 기초적인 사용법과 각종 용구, 제작에 필요한 환경부터 다양한 응용 테크닉에 이르기까지 친절하게 설명하고 있다. 밀리터리&스케일 모델 커뮤니티 MMZ(Military Modeling Zone) 운영자의 감수로 국내 실정에 더욱 적합한 번역이 이루어졌다.

전차 모형 만들기 귀차니스트를 위한 플라모델 제작 지침서
나카다 히로유키 지음 | 장민성 옮김 | 210×297mm | 136쪽 | 24,800원

전차 모형을 무조건 완성까지 인도한다!
요령과 꼼수를 이용한, 간단하며 수고가 적게 드는 '경제적인 모델링' 안내서. 자신의 모형점에서 모형 도장을 여는 한편 모형지 필진으로 계속 활동해온 프로 모델러 저자가 자신의 오랜 노하우를 전수한다.

전차 디오라마 만들기 귀차니스트를 위한 플라모델 제작 지침서
나카다 히로유키 지음 | 이재경 옮김 | 210×296mm | 128쪽 | 24,800원

책상 위에 펼쳐지는 나만의 전장, 나만의 전차단!!
전장 속에 전차를 배치하고 싶은 디오라마 입문자들을 위한 책. 디오라마를 만들면서 가질 법한 의문점에 대해서 해답을 제시하는 것은 물론, 세부적인 제작과 관련된 저자 나카다 히로유키만의 기법을 아낌없이 공개한다.

함선 모형 만들기 귀차니스트를 위한 플라모델 제작 지침서
나카다 히로유키 지음 | 이재경 옮김 | 210×297mm | 143쪽 | 24,800원

함정모델 제작에 관한 최고의 입문서&참고서!
스케일 프라모델 중에서 함선 모형 제작을 집중적으로 다룬 책이다. 도구 이해, 부품 정형, 조립, 도색까지 입문자들이 따라하기 쉽게 단계별로 구성되어 있다. 디오라마 제작 팁 및 제작 콘셉트 이해를 돕는 역사적 설명 포함.

비행기 모형 만들기 귀차니스트를 위한 플라모델 제작 지침서
나카다 히로유키 지음 | 이재경 옮김 | 210×297mm | 152쪽 | 24,800원

2차 대전 전투기 4종 완전 해설!!
2차대전의 대표적 전투기 4종에 대한 해설서이다. 밑준비, 조립, 도색까지 단계별로 알기 쉬운 사진과 함께 설명한다. 위장도색 및 전투기의 두랄루민 표면을 재현할 수 있는 은색 도색 등 구체적인 사항을 자세히 안내.

요코야마 코우 Ma.K. 모델링북
요코야마 코우 지음 | 이재경 옮김 | 148×210mm | 112쪽 | 30,000원

요코야마 코우 평생의 역량이 이 책 한 권에 총집결!
'마쉬넨 크리거' 세계관을 창조한 일러스트레이터이자 모델러인 요코야마 코우의 최신 프라모델, 레진 키트, 액션 피규어가 담긴 책이다. 저자만의 제작 기술과『Ma.K.』, 『SF3D』, 『로봇 배틀 V』의 오리지널 모델과 미공개 작품들이 수록된 대망의 모델링북.

밀리터리 모델링 매뉴얼 21
HOBBY JAPAN 편집부 지음 | 배진호·오세찬 옮김 | 210×297mm | 154쪽 | 24,800원

'구축 전차' 모형의 끝을 본다!
'구축 전차'를 테마로 삼은 책. 배경 소품부터 코끼리, 헬기, 증기 기관차 모형 등을 이용한 대형 디오라마, 레진 킷 활용 사례, 고증 자료 등을 매우 구체적으로 보여준다. 국내 메이커 아카데미과학의 모델 작례 포함.

비행기 모형 제작의 교과서 최신 제트 전투기편
HOBBY JAPAN 편집부 지음 | 장민성 옮김 | 210×297mm | 112쪽 | 19,800원

최신 전투기 모형 제작 이론부터 실기까지!
최신예 전투기 모형, 특히 5세대 전투기를 주로 다룬 책이다. F-22, F-35, 수호이 T-50(PAK-FA), 타이푼 키트 제작을 순서에 따라 친절히 설명. 현용 비행기 모형 카탈로그 2013년판과 각 키트에 대한 설명, 제트 전투기의 탄생 배경 및 발전 과정 같은 배경 지식도 제공한다.

전차 모형 제작의 교과서 조립의 기초부터 디오라마 제작까지
HOBBY JAPAN 편집부 지음 | 오세찬 옮김 | 210×297mm | 96쪽 | 19,800원

일본 AFV 모델계 거장들의 제작법을 대공개!!
독일 티거-I, IV호 전차, 미국 M1A2 SEP 에이브람스 TUSK II, 러시아 T-90, 일본 10식 전차 등 옛 명기부터 최신 전차까지 소개. 초심자를 위한 전차 용어 설명 및 거장들의 웨더링 도색, 디오라마 제작 관련 노하우를 수록.

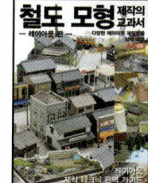
철도 모형 제작의 교과서 레이아웃 편
HOBBY JAPAN 편집부 지음 | 이재경 옮김 | 210×297mm | 112쪽 | 22,000원

국내 최초 철도 모형 전문 작법서!!
각종 공작 재료에 대한 설명부터, 시골·도회지 풍경, 계곡과 계단식 논이 있는 산악 지형, 차량기지 레이아웃까지, 각종 제작기법들을 전수한다. 또 디테일 업 테크닉, 유명 밀리터리 모델러가 선보이는 밀리터리 디오라마 기법에 의한 레이아웃, 현행 철도 모형 카탈로그 등 수록.

거실에서 칠하는 프라모델 도색 수성 아크릴 붓 도색 테크닉
아키토모 카츠야 지음 | 김정규 옮김 | 182×257mm | 96쪽 | 14,800원

싸다, 빠르다, 간단하다, 고칠 수 있다! 냄새도 없다!!
드디어 소개되는 수성 아크릴 붓 도색 전문 기법서. 경력 40년의 프로 모델러가 실내에 최적화된 도색법을 안내한다. 설명서에는 없는 기법과 요령, 직접 시험해 본 재료의 특성 등 이 책에서만 확인할 수 있는 내용이 가득하다.

건프라 카탈로그 2016
HOBBY JAPAN 편집부 지음 | 오광웅 옮김 | 210×297mm | 352쪽 | 33,000원

약 1700점 수록! 건프라 35주년 기념 올컬러 카탈로그!
1980년 7월에 발매된 첫 건프라 「1/144 건담」부터 2016년 최신 키트까지, PG, MG, HGUC, HG, RG 등 각 스케일 키트는 물론 웹 한정 판매 아이템까지 총망라하여 수록하였다. 건프라 팬이라면 반드시 소장해야 할, 건프라의 역사를 한눈에 살펴볼 수 있는 귀중한 카탈로그이다.

SD건담 삼국전 프라모델 내비게이션 북
HOBBY JAPAN 편집부 지음 | 김민아 옮김 | 182×260mm | 96쪽 | 15,900원

SD건담 삼국전으로 배우는 초 간단 건프라 입문서
2등신의 비율로 많은 팬들에게 귀여움을 받고 있는 SD(Super Deforme)건담. SD건담 삼국전 프라모델의 제작 가이드와 애니메이션 소개 등을 담고 있다. 초급편, 중급편, 상급편으로 나누어진 제작 과정 안내와 프로 모델러들의 작품집, 애니메이션 설정, 카탈로그 수록.

프레임 암즈 걸 모델링 컬렉션
HOBBY JAPAN 편집부 지음 | 문성호 옮김 | 225×287mm | 120쪽 | 24,800원

피규어×프라모델 세계의 선두 주자 「프레임 암즈 걸」!
「프레임 암즈 걸」은 고토부키야(KOTOBUKIYA)에서 2009년부터 전개한 오리지널 로봇 콘텐츠 「프레임 암즈」를 미소녀화한 시리즈. 2015년 5월 제1탄 「고우라이(轟雷)」 출시 이래로 인기몰이 중인 시리즈의 경이로운 개조 작례와 애니메이션 설정 자료 등을 소개한다.

피규어 제작 교과서 - '2D'를 '3D'로 구현하고자 하는 그대에게!

피규어의 달인 초급편
피규어 제작 향상위원회 지음 | 문우성 옮김 | 182×257mm | 96쪽 | 17,800원

무에서 유를 창조! 뼈대부터 피규어를 만들어보자!
피규어를 직접 제작하는 방법에 대한 초보적 내용을 다루고 있다. 신체 각부 조형, 복장 제작, 도색 등을 초보자의 관점에서 알기 쉽게 설명한다. 상세한 과정 사진이 압권. 피규어 제작 최전선에서 활약하는 원형사들의 '좌담회 코너'는 많은 힌트와 경험담을 제공한다.

피규어의 교과서 원형입문편
모형의 왕국 지음 | 문우성 옮김 | 180×232mm | 160쪽 | 19,800원

미소녀 피규어의 제작법을 제로부터 배운다!
피규어 조립 키트(개러지 키트, 레진 키트)는 물론 프라모델도 전혀 만들어본 적이 없는 사람들을 위한 원형 만들기 입문서. 소재·공구 소개→제작 연습→피규어 원형 제작→복제와 도색을 순서대로 소개한다. 피규어 원형 교실 『모형 학원』의 현장 경험을 생생하게 체험할 수 있다.

피규어의 달인 상급편
모형의 왕국 지음 | 문우성 옮김 | 182×257mm | 128쪽 | 19,800원

피규어 제작부터 판매까지 전과정 완전 설명!
프라모델과 피규어 제작으로 유명한 「고토부키야」에서 직접 제작한 서적. 일본에서는 원형제작 관련서적 최상위권을 떠나지 않는 스테디셀러이다. 「에반게리온 신극장판」의 '시키나미 아스카 랑그레이' 피규어 제작 과정과 복제를 하고 판매를 하는 방법, 판권사와의 협의 과정까지 해설한다.

거실에서 완성하는 프라모델 도색
수성 아크릴 붓 도색 테크닉

개정판 1쇄 인쇄 2023년 5월 25일
개정판 1쇄 발행 2023년 5월 31일

저자 : 아키토모 카츠야
번역 : 김정규

펴낸이 : 이동섭
편집 : 이민규
디자인 : 조세연
영업·마케팅 : 송정환, 조정훈
e-BOOK : 홍인표, 최정수, 서찬웅, 김은혜, 정희철
관리 : 이윤미

㈜에이케이커뮤니케이션즈
등록 1996년 7월 9일(제302-1996-00026호)
주소 : 04002 서울 마포구 동교로 17안길 28, 2층
TEL : 02-702-7963~5 FAX : 02-702-7988
http://www.amusementkorea.co.kr

ISBN 979-11-274-6260-4 17630

"MIZUTOKI AKURIRU FUDENURI TECHNIQUE"
written by Katsuya Akitomo, edited by Eiji Ishii
Copyright © Katsuya Akitomo 2017
All rights reserved.
Originally published in Japan by Shinkigensha Co Ltd, Tokyo.

This Korean edition published by arrangement with Shinkigensha Co Ltd, Tokyo
in care of Tuttle-Mori Agency, Inc., Tokyo

이 책의 한국어판 저작권은 일본 SHINKIGENSHA와의 독점계약으로
㈜에이케이커뮤니케이션즈에 있습니다.
저작권법에 의해 한국 내에서 보호를 받는 저작물이므로 무단전재와 무단복제를 금합니다.

*잘못된 책은 구입한 곳에서 무료로 바꿔드립니다.

Publisher
미야타 히토시

Author / Modelling Artist
아키토모 카츠야

Editor
이시이 에이지
혼다 시게아키(SHINKIGENSHA)

Photographer
쿠보타 켄(HOTLENS)

Designers
하기구치 히로후미(K-CREW DESIGN WORKS)
오이카와 미사코(K-CREW DESIGN WORKS)
마츠나가 료타(K-CREW DESIGN WORKS)

Special Thanks
주식회사 타미야
주식회사 하세가와
후지미 모형 주식회사
주식회사 아오시마 문화교재사